AF186369

Gothar Thiel

EXTRATOUREN

Auf den Spuren von Konrad Zuse und
Michail Gorbatschow durch 40 Jahre
Sozialismus in der DDR

© **2015** Gothar Thiel

Verlag: tredition GmbH, Hamburg

ISBN
978-3-7345-2715-9 (Paperback)
978-3-7345-2716-6 (Hardcover)
978-3-7345-2717-3 (e-Book)

Printed in Germany

Inhalt

Prolog

Fast alles, was ich erlebt habe, findet seinen Ursprung in den ersten zehn bis zwölf Lebensjahren. Die Erlebnisse und Träume der damaligen Zeit habe ich in irgendeiner Weise, unter den unterschiedlichsten Bedingungen, wohl vom Unterbewusstsein gesteuert, verwirklicht.

Im besonderen Maße bezieht sich dies auf meine Hobbys Pferde, Skifahren und Reisen.

In der zweiten Schulklasse der Volksschule fiel mir beim Frühstück in unserer Wohnküche ein Buch mit einem eigenartigen Titel auf. Beim

 Buchstabieren kam mein Vater ins Zimmer und verlangte spontan die ordentliche Wiedergabe. Vielleicht im Gedanken an den kurz bevorstehenden Schulbeginn gab ich mir mir wenig Mühe, den in schnörkeligen Buchstaben geschriebenen Titel „Mitsommernacht" zu verstehen und zu

benennen. Mein Vater offenbarte mir, vor der ordentlichen Benennung gäbe es keine Schule und die Verspätung hätte ich dem Klassenlehrer zu begründen, er würde sich erkundigen. Wann ich in der Schule war, weiß ich schon lange nicht mehr, aber die Mitternachtssonne, eine stille Sehnsucht meines Vaters, ist mir für immer im Gedächtnis geblieben. Es dauerte fast 70 Jahre, bis ich mir davon selbst ein Bild machen konnte. Die 2003, also mit meinen 73 Lebensjahren, durchgeführte Reise mit dem Campinggespann über 9.600 km zum Nordkap kann man sicher auch als Extratour bezeichnen, getroffen haben wir in den 5 Wochen unterwegs keine vergleichbaren Reisenden.

Vor einiger Zeit brachte der MDR eine Wiederholung der Übertragung des 39. Zirkusfestivals von Monte Carlo. Einen goldenen Clown erhielt eine Frau für ihre Vorführung der Dressur mit zwei Pferden ohne jedes Hilfsmittel, nur mit Worten und Gesten. Dass diese Verführung der Symbiose von zarter Weiblichkeit und ungestümer Pferdekraft nicht von einem Mann ausgeführt werden konnte, war ganz offensichtlich. Mir kam dabei in Erinnerung, dass meine Liebe zu den Pferden einer vor 78 Jahren erlebten Zirkusvorführung entsprang.

Die meine politische Meinung gravierend beeinflussenden Erzählungen meiner sibirischen Tante Margarete finden sich in meiner Biografie an vielen Stellen wieder.

Die meisten der Extratouren sind nicht durch ihre Vorausplanung entstanden, sie waren fast immer das Resultat der spontanen Ausnutzung einer sich ergebenden Situation.

Das beste Beispiel dafür war das Exportgeschäft mit dem Irak. Die Vermittlung des neuen Wissens um die „Computerei" war auch im beschränkten Einzugsbereich des Berliner Bauwesens eine wesentliche Voraussetzung für den Erfolg. Es gehörte somit zu unseren, zu meinen, Aufgaben, dies permanent im Auge zu behalten, zu organisieren und auch selbst wahrzunehmen. Der Vorschlag des Kombinats Robotron von 1976, mit einem Vortrag an einer Werbeveranstaltung in Bagdad teilzunehmen, war eine ganz normale Angelegenheit. Als dabei erkennbar war, dass in der Vorbereitung die Interessenlage des betroffenen Unternehmens nicht genügend berücksichtigt worden war und die einwöchige Reise in den Irak umsonst zu sein schien, habe ich spontan die nötigen Schritte unternommen und den Handelsrat für eine Alternativlösung gewonnen. Aus meinem einstündigen Vortrag im Bauministerium resultierte drei Jahre später ein lukratives Exportgeschäft. Darauf folgte eine Reihe von Extratouren mit jahrelangen Auswirkungen.

Die mit Sicherheit auch vom Vater vererbte Sehnsucht nach Reisen konnte ich dadurch nahezu unbegrenzt durch meine Berufstätigkeit verwirklichen. So gab es niemanden, der mir hätte vorschreiben können, diese oder jene Reise in den Irak wäre nicht nötig gewesen. Von mir geleitet haben wir alle aus den Verträgen folgenden Verpflichtungen erfüllt. Erst zum Schluss meiner Aufzeichnungen wird mir bewusst, was ich eigentlich erlebt habe. Manches kommt mir vor wie aus einem Roman, es ist aber keiner.

Ende der Zwanzigerjahre des vorigen Jahrhunderts herrschte überall die Weltwirtschaftskrise. Wahrscheinlich durch die ersten Anzeichen des wirtschaftlichen Aufschwungs der Bijuterie, im nahegelegenen Gablonz, wurde in Reichenau mit einem Neubaugebiet begonnen. Mein schon immer wagemutiger Vater hat hier eine Bäckerei etablieren wol-

len und auch realisiert. Ein Familienfoto aus dem Jahr 1935 erlaubt einen Rückblick auf mein Leben. Zu dieser Zeit gab es für uns noch kein Radio, kein Fernsehen, keinen Computer und kein Internet. Die Verwandten hatten am Wochenende Zeit für gemeinsame Ausflüge.

Nach dem 1. Weltkrieg war mit den Versailler Verträgen das vorher zur österreichisch-ungarischen Monarchie gehörende Sudetenland der Tschechoslowakei zugeordnet worden. Das komplett deutschsprachige Gebiet wurde von tschechischen Bürgern verwaltet. In unserem Neubaugebiet von Reichenau waren diese in einem von uns Deutschen als „Staatsbau" bezeichneten mehrgeschossigen Wohngebäude untergebracht. Zu Problemen genereller Art und zwischen uns Kindern kam es erst nach der Machtübernahme durch Hitler in Deutschland.

Mein Lebenslauf sollte von der Erfindung des Computers von Konrad Zuse maßgeblich beeinflusst werden. Der Bauingenieur Zuse hatte herausgefunden, dass das Rechnen im Dualsystem, also mit den beiden Zahlen Null und Eins, durch die Verwendung von Fernsprechrelais mit deren Funktionen „geschlossen" und „auf" Abläufe automatisiert werden können. Der auf dieser Basis erste funktionsfähige elektronische

Rechenautomat Z1 wurde 1941 vorgestellt. Während meines Bauingenieurstudiums um 1950 spielte dies aber noch keine Rolle, hier ging es wohl schnell, aber recht ungenau, mit dem Rechenschieber zu. Zur gleichen Zeit wurde diese Entwicklung in den USA vollzogen. Nach dem 2. Weltkrieg und den desolaten Zuständen in Deutschland wurde praktisch alles in den USA produziert.

Meine eigenen Aktivitäten zur Umsetzung der grandiosen Erfindung von Zuse führten unter ULBRICHT zu Anerkennung und Auszeichnung. Unter HONECKER, ab 1970, gab es nur noch Duldung und Ignorierung dekadenter, bourgeoiser, nicht von der Partei anerkannter Spinnereien. Vielleicht war dies aber mein, unser, Vorteil, relativ ungestört die Exportaktivitäten mit dem Irak abwickeln zu können.

1981 unternahm GORBATSCHOW eine Auslandsreise nach Kanada, um sich mit der Leitung der Landwirtschaft vertraut zu machen. Hier erfuhr er, dass die Rechentechnik eine wesentliche Komponente zur Qualifizierung der Wirtschaftsleitung sein kann. Mit seinen veröffentlichten Vorschlägen PERESTROIKA und GLASNOST von 1986 leitete er die bekannten grundlegenden Veränderungen des sozialistischen Systems ein. Mit seiner Autobiografie „Alles zu seiner Zeit" schildert er Bekanntes und Parteiinternes über die Wirkung des Parteiapparates der KPdSU. Im Vergleich zu den in meiner Autobiografie geschilderten Vorgängen in der DDR wurde für mich der unmittelbare Zusammenhang erkennbar. Es wird auch deutlich, dass das, was wir im Berliner Bauwesen zur Qualifizierung der Leitungstätigkeit in die Wege leiteten, schon dem entsprach, was GORBATSCHOW mit der PERESTROIKA, erst 20 Jahre später, begann. Die Retrospektive zu 40 Jahren DDR versucht eine Erklärung, warum es 40 Jahre dauern musste, bis sich etwas änderte.

Es war sicher ein Novum, dass ich nach der „Inbetriebnahme" des ZOD diesen volkseigenen Betrieb, das Gemeinschaftsrechenzentrum des Berliner Bauwesens, bis zur Wende und damit dem Ende der DDR als Betriebsdirektor leitete. Wie überall üblich etablierte sich auch im ZOD ein runder Tisch, um über die erste Weiterführung abzustimmen. In geheimer Wahl der kompletten Belegschaft erhielt ich dabei 62,3 % der Stimmen, mir reichte das fürs Erste, um zum Geschäftsführer berufen zu werden. Das Dilemma der Auflösung der volkseigenen Betriebe und einer sagenhaften Administration der Berliner Treuhandanstalt möchte ich nicht kommentieren. Nach drei Jahren verließ ich das ZOD und machte mich selbstständig.

Jugendzeit

Meine Mutter stammte aus Reichenau bei Gablonz, einer Kleinstadt mit 4.000 Einwohnern. Vater und Großvater der Familie Wenzel waren Maler, die sich auf das Malen bzw. Kopieren von Kirchenbildern spezialisiert hatten, wohl längere Zeit ein Exportschlager Richtung Amerika. Viele der einfachen Leute arbeiteten in der Bijouterie von Gablonz. Ab 1916 hatte Reichenau dorthin eine Straßenbahnlinie, seit ca. 1896 eine Bahnverbindung zur Bezirksstadt Reichenberg und nach Prag. Reichenau liegt an der Südgrenze des deutschstämmigen Gebiets, das mit dem Versailler Vertrag von 1919 von Österreich/Ungarn abgetrennt und der Tschechoslowakei zugeordnet worden war. Meine Mutter hatte in Gablonz als Glasperlen-Bläserin gearbeitet.

Meine Eltern

Die Baustelle von 1929

13

Mein Vater kam aus Gablonz und war der Sohn eines selbstständigen Bäckers. Mit 15 Jahren hatte er die Facharbeiterprüfung abgelegt und war auf Wanderschaft gegangen. Mit 16 wurde er wegen illegaler Einreise aus der Schweiz ausgewiesen. In einem in Reichenau entstehenden Neubaugebiet haben die Eltern 1927 die Gründung einer eigenen Reformbäckerei in Angriff genommen, im gleichen Jahr auch geheiratet.

Die Baustelle ist vom Frühjahr 1929, mein Bruder Helmut wurde im Oktober 1928 geboren. Mich gab es da noch gar nicht. Damals wussten sie noch nicht, wie ihr Leben verlaufen würde. Der Vater starb schon 1946 an einer Pilzvergiftung.

Vater mit Gothar

Er war nach der Entlassung aus englischer Kriegsgefangenschaft auf der Schwäbischen Alp verblieben. Damit sollte erreicht werden, dass seine Familie dorthin ausgesiedelt würde. Das Dorf Wißgoldingen war aber so abgelegen, dass es 6 Stunden dauerte, bis er ins Krankenhaus nach Schwäbisch Gmünd kam, leider zu spät. Mein Besuch dort mit einem für die Überquerung der Zonengrenze von der russischen Kommandantur in Gotha ausgestellten russischen Propusk, drei Monate später, konnte leider nichts bewirken, als einen Blick auf das Grab und die recht schöne Gegend zu werfen. Ich kann meiner Mutter dankbar bescheinigen, dass sie die bei der Hochzeit gelobte Treue zu ihrem Mann in Ehren erfüllt hat und keine Mühe gescheut hat, die Aussiedlung und den Wiederbeginn eines neuen Lebens für die noch minderjährigen Kinder zu bewältigen. Einbezogen war der behinderte Sohn Robert ihrer schon verstorbenen Schwester Marie. Über die selbst erlebte Odyssee der Aussiedlung mehr im nächsten Kapitel.

Meine Tante Margarete lernte ich nach der Befreiung des Sudetenlandes durch Hitler 1939 kennen. In Dresden lebend kam sie regelmäßig mit ihren Töchtern zur Sommerfrische nach Reichenau. Ihren Erzählungen über ihren Geburtsort Irkutsk mit dem traumhaft schönen Baikalsee habe ich gern gelauscht. Besonders interessant wurde es, wenn sie von den dort erlebten Wintern sprach. Denn die Milch nicht in der Kanne, sondern eingefrorenen am Holzpflock zu holen, war schon spannend. Länger hat mich aber ein anderer Teil ihrer Schilderungen beschäftigt.

Der Bruder meiner Mutter, der Kunstmaler Franz Wenzel, und seine

Frau Margarete, 1931

Ihr Vater war ein deutscher Zahnarzt, der 1870 nach Sibirien gekommen war. Ihre Mutter war Russin. Sie hatte noch eine Schwester. Zu Beginn des Ersten Weltkrieges hatte sie in Moskau ein Medizinstudium aufgenommen, war aber noch vor dem Abschluss des Studiums zur Krankenschwester dienstverpflichtet worden. Zur Oktoberrevolution 1917 wurden die Drangsale gegenüber der Bourgeoise unerträglich und die Familie beschloss, nach Deutschland zu fliehen. Organisiert haben das die beiden Töchter. Tante Margarete hat in der Uniform der Krankenschwester die dick verbundenen Familienmitglieder mit Militärtransporten bis nach Deutschland gebracht.

Nicht alle Details habe ich als Neunjähriger begriffen und behalten, es gab zu diesem Thema immer wieder Nachfragen und Ergänzungen. Dass ihre russische Sprache schon perfekt gewesen sein muss, zeigte ein Vorfall von 1952. Nach der Bombennacht von Dresden hatten sie in Stollberg in Sachsen eine neue Unterkunft bei einem befreundeten Apotheker gefunden. Als ein russischer Offizier in der Apotheke aufgeregt nach einem Medikament für seine Frau vorsprach, bat der Apotheker meine Tante zu helfen. Das Medikamentenproblem war rasch geklärt, aber der Offizier wollte vehement wissen, ob sie keine verkappte Russin wäre. Sie wollte jede Nachforschung vermeiden, da ihre Schwester als Chefdolmetscherin für Russisch im ehemaligen Führerhauptquartier zum Kriegsende 1945 von der US-Armee sofort nach Amerika gebracht worden war. Mein Onkel war zu dieser Zeit Leiter der Kulturabteilung eines Großbetriebes in Karl-Marx-Stadt. Er übernahm es, dem Parteisekretär ständig zu belegen, dass das doch nicht seine richtige Tätigkeit sein könne. Er war auch in der Bibel so belesen, um dies auch mit jedem Pfarrer zu dessen Funktion zu diskutieren. Ich weiß nicht, wie lange es dauerte, bis sein Ausreiseantrag genehmigt wurde und die Familie Wenzel dazu einen Güterwagen benutzen durfte. Ihre nächste und letzte Heimat war der Schwarzwald.

Eigentlich wollte ich mit der Autobiografie kein Bilderbuch verfassen. Nach dem leichteren Beginn mit meinen noch eher in Erinnerung behaltenen Erlebnissen aus dem Irak etwa wurde mir aber klar, dass es mit den aus der Kindheit bewahrten Fotos für mich selbst einfacher und anschaulicher ist, die Motivation für meine Extratouren zu verstehen. Wie Kindheitserlebnisse zu einer lebenslangen Beeinflussung führen können, dazu ein zweites Beispiel von mir.

Ich hatte in der Volksschule eigentlich nur drei langjährige Freunde. Zwei waren die Rabauken der Klasse, sie gewährten mir jeden Schutz bei den sicher auch damals schon üblichen Auseinandersetzungen.

Der dritte war „Soda Wenzel", sein Vorname war Wenzel und der Vater Sodawasser- und Limonaden- Produzent. Wir besuchten als etwa Zehnjährige gemeinsam einen in Reichenau gastierenden Wanderzirkus. Besonders gefiel uns der Auftritt einer attraktiven Dompteuse mit ihren wunderschönen Pferden. Ich muss danach wohl davon geträumt haben, dem Zirkus zu folgen und irgendwie mit diesen Pferden in Verbindung zu bleiben. Ob ich darüber mit Soda Wenzel gesprochen habe, ist mir nicht mehr in Erinnerung. Eines Tages schlug er mir vor, ihn bei einem Besuch einer in Dalleschitz, etwa 5 km entfernt von Reichenau, lebenden verwandten Bauernfamilie zu begleiten, diese hätten zwei Pferde. Es war für mich selbstverständlich, ihn schon wegen der Pferde zu begleiten. Als wir Dalleschitz erreicht hatten und den Bauernhof vor uns sahen, gestand mein Freund, die beiden dort verwendeten Zugtiere seien aber leider keine Pferde, sondern Ochsen. Meine darauf folgende Reaktion ist mir nicht mehr in Erinnerung, er war stärker als ich.

Einige Zeit später forderte er mich auf, ihn zur Gutbrunnwarte bei Gablonz zu begleiten, dort gäbe es diesmal aber richtige Pferde. Auf dem Fußweg von Reichenau nach Gablonz lag ein größeres Anwesen mit Gaststätte und, wie mein Freund ausbaldowert hatte, eine Reitschule der SA-Organisation von Gablonz. Wir waren damals wohl zwölfjährig, mit knapp 14 bin ich danach schon ins Landjahr! Einige der dort agierenden Männer waren dabei, trockenes Heu von einem Leiterwagen in eine Scheune zu transportieren. Mein Soda Wenzel gab den Befehl, hier helfen wir mit. Man nahm das verwundert, aber freudig zur Kenntnis. Als wir damit fertig waren, sprach uns der das Ganze organisierende SA-Mann an. „Na, ihr zwei, was macht ihr eigentlich hier?" Mein Soda Wenzel antwortete ganz selbstverständlich „Na, wir wollen reiten." Als Reaktion hörten wir, alle Gruppen seien voll, aber wir sollten mal unsere Adressen aufschreiben, wenn etwas frei wäre, würde man sehen. Es gab einen Stall mit zwölf ausgebildeten Reitpferden und eine Reithalle, in der die Ausbildung bei jedem Wetter stattfinden konnte. Der Unterricht fand an Wochentagen ab 18 Uhr statt. Auch ohne Zustimmung waren wir an einem Tag in der Woche dort, um uns mit den Gepflogenheiten und den Pferden vertraut zu machen. Wir mussten nicht lange warten, um in eine der Gruppen aufgenommen zu werden. Gut in Erinnerung geblieben sind mir die Sitzbeschwerden auf den harten Schulbänken am Tage nach dem Reitunterricht. Mit 12 war ich noch ganz schön klein. Die Pferde in ihren Boxen zu satteln und nach dem Unterricht die Hufe zu reinigen, kostete anfangs schon einigen Mut. Es war Pflicht, jedes Mal auf ein anderes Pferd zu steigen. Wenn alles fertig war, so gegen 21 Uhr, gab es manchmal noch eine „Schneeballschlacht" mit Pferdeäpfeln. Es war selbstverständlich, dass man ohne fremde Hilfe auf das Pferd kam. Bei Fliegeralarm fuhr keine Straßenbahn und wir mussten die vier Kilometer nach Hause laufen. Meine Begeisterung für den Pferdesport war trotz mancher Strapazen ungebrochen und sollte mein Leben lang anhalten. Im Landjahrlager exerzierte ich mit den einmal erworbenen Kenntnissen meine erste Extratour. Während meiner Tätigkeit als Betriebsdirektor des ZOD fand ich des Öfteren Gelegenheit, zum Reiten nach Berlin-Hoppegarten zu fahren.

Am Anfang ging alles ohne Maschinen

Krieg und Landjahr haben meine Jugendzeit stark verkürzt, ich habe dies aber nicht als großen Nachteil empfunden, es gab sowieso keine Alternativen.

Die Notwendigkeit, an den Bauunternehmer die durch den Hausbau entstandenen Schulden fristgemäß zurückzuzahlen, bedingte, dass der Vater die anfänglich noch eingestellten Mitarbeiter reduzierte und selbst ein größeres Pensum übernahm. Bei der Produktion für das Wochenende habe ich meistens am Freitag ab 4 Uhr in der Backstube mitgeholfen. Da meine Brüder dies kaum machten, war es für mich eigentlich selbstverständlich, den Eltern zu erklären, die Bäckerei weiterführen zu wollen.

Landjahrlager

1943 Ich war 13, der Krieg begleitete mich schon vom neunten Lebensjahr an. Seit ich in die Schule ging, war meine Aufgabe, vorher Brötchen und Gebäck auszutragen, um meinen Eltern zu helfen, die mit der Bäckerei entstandenen Schulden abzutragen. Mit acht Jahren erlebte ich dabei, dass morgens in unserer Stadt Hakenkreuzfahnen gehisst waren. Am Vormittag wurden diese allerdings von jetzt erst abrückenden tschechischen Soldaten heruntergerissen. Am Nachmittag trafen unsere „Befreier", deutsche Truppen, in Reichenau ein. Wir Kinder waren natürlich begeistert. Resümierend zu dieser Problematik kann ich einschätzen, dass wir vorher mit den relativ wenigen tschechischen Kindern der in Reichenau wohnenden Staatsangestellten der Verwaltung, der Banken, der Eisenbahn, der Ärzte u. a. ohne besondere Probleme nebeneinander leben konnten. Mit den Kindern des nur wenig von unserer Bäckerei entfernten „Staatsbaus" wurde ständig gemeinsam gespielt.

Es war für mich damals schon zur Selbstverständlichkeit geworden, zum Spielen am Nachmittag zwei frische Brötchen einzustecken. Ohne dafür eine politische Motivation zu haben, war es für mich selbstverständlich, unterwegs anzutreffende Gefangene des zur Rüstungsfabrik gehörenden Konzentrationslagers, die uns auf ihren Hunger aufmerksam machten, ein Brötchen zuzustecken.

In der Schule hatte der Krieg insoweit seine Spuren hinterlassen, dass ich nach der vierten Klasse wegen nicht ausreichender Leistungen den Sprung zur der bei uns vorhandenen Bürgerschule verpasste. Wir hatten als Ersatz einen seit Jahren pensionierten Lehrer erhalten der von vielen Schülern nicht für voll genommen wurde.

Mein Vater, er war mittlerweile 46, hatte eine für mich leider nicht mehr nachvollziehbare Leidenschaft für Norwegen, wollte der Einberufung zur Wehrmacht an die Ostfront zuvorkommen und beschloss die

Bäckerei zu schließen und Dienst beim Wachdienst Norwegen aufzunehmen. Diese bewachte militärische Objekte wohl vorrangig im Osloer Hafen. Das war wohl der Grund dafür mich als einzigen Interessenten für eine Fortführung der Bäckerei, erst einmal, auch zur körperlich notwendigen Weiterentwicklung, zum Landjahr anzumelden. Anfang 1944 erhielt ich den Bescheid mich im April in Mährisch Schildberg im Ostsudetenland einzufinden. An die allein auszuführende Bahnfahrt kann ich mich noch erinnern. Wir waren 60 gleichaltrige Jungen und hatten bald alle Heimweh. Dem wurde von den Ausbildern mit Nachtmärschen und Strafexerzieren begegnet.

Da man sich aber an alles gewöhnt vergingen diese Probleme bald. Im Herbst gab es ein Wochenende mit den Familien. Das Ausbildungsprogramm umfasste viel Sport, politische Schulung, exerzieren und Wachdienst.

Für die praktische landwirtschaftliche Arbeit waren alle einem landwirtschaftlichen Betrieb zugewiesen, meiner war in 4 Km Entfernung.

Im Herbst rückte die Ostfront über Polen Richtung Westen weiter vor. Wir wurden nach Oberschlesien zum ausschachten von Panzer- und Schützengräben beordert. Insgesamt haben wir uns ca. 4 Wochen dort aufgehalten. Geschlafen wurde in einem Dorf. Am Tage wurden die allgemeinen Tätigkeiten auf einem Gutshof abgewickelt. Hier konnte ich die Zustimmung des Gutsinspektors für einen Ausritt auf seinem, für seine Kontrolltätigkeit bereitstehenden, Reitpferdes ergattern.

Meine erste Extratour mit 14 Jahren

Nach dem planmäßigen Abschluss des Landjahrlagers war die Fortführung der landwirtschaftlichen Ausbildung auf einem Bauernhof vorgesehen. Im März 1945 verlief die Ostfront schon in Schlesien, sodass eine planmäßige Weiterführung kaum noch möglich war. Da ich keine andere Orientierung kannte bin trotzdem zu dem mir bereits bekannten Hof des Bauern Lehmann in Hennersdorf bei Deutsch-Gabel gefahren. Den Einmarsch der russischen Truppen erlebte ich in Reichenau.

Aussiedlung

Mit dem Potsdamer Abkommen hatten die Siegermächte des Zweiten Weltkriegs beschlossen, die Deutschen aus dem ehemaligen Sudetenland zu vertreiben. Die in alle Teile des Deutschen Reiches transpor-
tierten Deutschen zahlten damit einen Teil der von Hitlerdeutschland
begangenen Kriegsverbrechen.

Zum Ende des Krieges war ich knapp fünfzehn. Da ich weiter bei

Unser Haus in Reichenau

meinem Bauern, Franz Lehmann, in Hennersdorf verblieb, war ich in
der Lage, als dort relativ Unbetroffener die tatsächlichen Vorgänge zu
beurteilen. Es war von vornherein klar, dass ich nur von Reichenau aus
mit meiner Mutter und den dort verbliebenen Geschwistern ausgesiedelt werden kann. Es gab für mich keine Möglichkeit, mich über Zei-
tungen oder Rundfunk über die jeweils aktuelle Situation zu informieren. Im Herbst 1945 erfuhr ich von meinem Bauern, dass am anderen
Ende von Hennersdorf ein ehemaliger Lehrer aus Reichenau tätig sei.
Bei meinem kurz danach vorgenommenen dortigen Besuch stellte ich

fest, dass es mein ehemaliger Klassenlehrer war. Er war zum Kriegsende von den Tschechen inhaftiert und danach an die Russen übergeben worden. Bei einem der damals üblichen nächtlichen Todesmärsche ist es ihm gelungen, im Wald zu fliehen. Hennersdorf war etwa 40 km von Reichenau entfernt, sodass er glaubte, die Zeit bis zur Aussiedlung seiner Familie überbrücken zu können. Von ihm erfuhr ich das erste Mal von den Beschlüssen des Potsdamer Abkommens. Er bat mich, seine Frau über seinen gegenwärtigen Aufenthaltsort zu informieren. Für die Kontakte zu meiner Familie besaß ich eine tschechische Bescheinigung. Alle Deutschen waren verpflichtet, in der Öffentlichkeit eine weiße Armbinde zu tragen. Ich fuhr mit der Reichsbahn nach Hause. Dort erlebte ich, wie in Reichenau russische Soldaten, tschechische Milizen und ehemalige Insassen des dortigen Konzentrationslagers eine Atmosphäre der Angst verbreiteten. Dieser Personenkreis terrorisierte die Bevölkerung zur Beschaffung von Kleidung, Essen und Wertgegenständen. Es waren meist nur Frauen und Kinder in den Häusern, die des Nachts mit großem Lärm versuchten, sich gegenseitig zu helfen. Meinen Sonderauftrag konnte ich problemlos erledigen. Eines Tages erschien ein deutsch sprechender Bote der neuen Gemeindeverwaltung und teilte mir mit, ich hätte mich am Folgetag um 6 Uhr zu einem Arbeitseinsatz dort einzufinden. Etwa 15 Männer und ich als Junge waren da versammelt, als ein russischer Militärlastwagen erschien und man uns zum Aufsteigen aufforderte. Wir fuhren in Richtung Reichenberg. Hier befand sich an der Bahnlinie vor einem Tunnel eine Ausweichstation mit einigen Gleisanlagen. Um diesen Platz war vom russischen Militär ein größeres Lebensmittel-Vorratsdepot angelegt worden. Der Nachschub kam aus dem nördlich der Grenze gelegenen Sachsen. Ein Offizier beaufsichtigte uns und erteilte die Aufträge: Kartoffeln, Getreidesäcke und dann auch noch ein volles, neues Jauchefass aus Blech. Es wurde schon dunkel, Einzelheiten waren nicht mehr zu erkennen. Wir mussten das Fass auf eine schwere Transportkarre laden und zu einer Scheune fahren. Am Ziel bemerkte ich, wie der russische Offizier die vorher in der Hand gehaltene Pistole wieder wegsteckte. Offensichtlich war er froh, diesen Auftrag ohne Zwischenfall erledigt zu haben. Er verschwand in einem Haus und kam mit einem Porzellankrug für zwei Liter zurück. Nun wurde der Deckel des Fasses geöffnet und mit der dort enthaltenen Flüssigkeit gefüllt. Freudestrahlend überreichte er dem Nächststehenden den Krug und forderte zum Trinken auf. Keiner sagte etwas und reichte den Krug weiter. Ich war der Letzte und nahm vorsichtshalber nur einen kleinen Schluck. Alle beobachteten mich gespannt, ich konnte den offensichtlich reinen Alkohol nur prustend und hustend wieder von mir geben, mein Mund brannte fürchterlich. Es folgte ein großes Gelächter, der LKW brachte uns wieder nach Hennersdorf. In dieser Zeit erhielt ich die schriftliche Aufforderung, mich zu einer Gesundheitsüberprüfung in Böhmisch Leipa zu melden. Dort erfuhr ich, dass geeignete Männer für den Kohlebergbau verpflichtet werden sollten. Ich war dazu anscheinend körperlich nicht besonders geeignet und durfte wieder nach Hause fahren.

In Hennersdorf tauchten dann die ersten Interessenten für die Übernahme der Höfe auf. Wie das organisiert worden war, konnte ich nicht erfahren. Vor Ort wurde dies offensichtlich von der neuen Gemeindeverwaltung organisiert. Sobald ein Interessent vorhanden war, wurden die betroffenen Familien samstags schriftlich aufgefordert, montags früh mit 30 kg Gepäck je Person am Sammelplatz zu erscheinen. Dort standen Fuhrwerke bereit, die sie zum Bahnhof von Deutsch Gabel brachten. Meine Bauernfamilie bereitete sich auf den Abtransport vor, indem Wertgegenstände wie die Silberbestecke in und hinter der Scheune vergraben wurden. Der Bitte, mit ihnen zu kommen, konnte ich leider nicht nachkommen, das hatte ich meiner Mutter versprochen. Ich wurde aufgefordert, mich bei einem bestimmten tschechischen Bauern zu melden. Der hatte anscheinend zu lange gesucht und nur ein altes Gehöft erhalten. Dazu gehörte noch ein zweites kleines Haus, in welchem ich zum Schlafen untergebracht wurde. Der Bauer, ca. 35 Jahre alt, war Knecht auf einem Gutshof, zum Ende des Krieges Partisan gewesen. Er sprach kein Wort Deutsch. Notwendige zusätzliche Erläuterungen übersetzte die etwas jüngere Frau, sie stammte aus Morgenstern in der Nähe von Reichenau, also aus dem deutschsprachigen Sudeten-gebiet. Sie hatten einen etwa zweijährigen Sohn. Auf dem Hof standen acht Kühe, ein Pferd und ein Ochse.

Meine Aufgabe wurde es, mich um die Zugtiere Pferd und Ochse zu kümmern und natürlich alle anfallenden Arbeiten zu erledigen. Zuerst musste das seit dem Vorjahr in der Scheune eingelagerte Getreide bearbeitet werden. Der vom deutschen Bauer zurückgelassene Hund beteiligte sich dabei tatkräftig, indem er beim Aufheben der Getreidegarben hinzusprang und die dort aufgescheuchten Mäuse und Ratten fraß. Nachdem sein Bauch immer dicker wurde, mussten wir ihn aus humanitären Gründen im Haus einschließen, von allein ließ er von seiner Arbeit nicht ab. Als Nächstes wurde eins von den im Stall vorhanden drei Schweinen geschlachtet. Es war sicher nicht riesengroß, aber nachdem das unter Mitwirkung vieler Bekannter erledigte Schlachtfest vorbei war, war das Fleisch verschwunden. Dann wurde mit Pferd und Wagen zu einer Mühle gefahren, um das für die tschechischen Knödel benötigte „griffige" Weizenmehl zu holen. Wenn er am Sonntag gut gegessen hatte wurde der aus der Partisanenzeit stammende Revolver 08 hervorgeholt, um auf dem Hof Schießübungen, auch in Richtung Dorf, zu veranstalten. Das vielleicht 200 Jahre alte Bauernhaus konnten sie nicht umtauschen, aber der Zugochse musste bald ersetzt werden. Eines Tages erschien mein Bauer mit einem Pferd am Halfter, ein rabenschwarzer Rappe.

Er war nicht nur groß, sondern auch mit eigenartigen Manieren versehen. Ich sollte ihn vor einen Wagen spannen. Von mir, dem Kleinen, ließ er sich nur widerwillig anfassen und versuchte, mich zu beißen. Dann angespannt, zeigte er seine Spezialität. Die langen Hinterbeine eingeknickt ging er mit den Vorderbeinen nach oben und versuchte, die Deichsel abzubrechen, was ich gerade noch verhindern konnte. Ohne meine Erfahrungen aus der SA-Reitschule mit 10 verschiedenen, auch zum Teil nicht nur lammfrommen Naturen, hätte ich sofort kapitulieren müssen. Am Anfang gab es beim Füttern und Putzen in der nach hinten offenen Box schon einige Probleme. Als ich einmal mit dem Gummiwagen zur Schmiede fahren sollte, blieb er auf einer etwa drei Meter hohen Brücke ohne Geländer stehen und schob dann den Wagen nur noch rückwärts. Für mich kriminell wurde es durch den neben mir sitzenden zweijährigen Sohn meines Bauern. In meiner Not sprang ich vom Wagen und trat den Rappen mit aller Kraft zwischen die Hinterbeine. Er machte daraufhin einen Satz nach vorn und wir waren gerettet. Wie sensibel ein Pferd sein kann, auch dieser „Teufelsrappe", erfuhr ich bei einer anderen kurzen Fahrt. Die Straße führte vom Hof in einer engen Kurve um unser Nachbarhaus. Ich musste schon aufpassen, um nicht den Gartenzaun zu demolieren. Plötzlich blieben die beiden Pferde wie angewurzelt stehen. Zwischen ihren Hinterbeinen stand der etwa dreijährige Sohn des Nachbarn. Was mit mir passiert wäre, wenn ich ihn überfahren hätte, ich weiß es nicht, aber eine Extratour ganz anderer Art wäre es bestimmt geworden. In der brenzligen Situation konnte ich so rasch gar nicht ergründen, wo der Junge eigentlich hergekommen und wie er zwischen die Pferdebeine geraten war. Wie die beiden Pferde reagiert hatten, war für mich aber ein Wunder. Als letztes dieser Pferdeerlebnisse noch zu einem speziellen Auftrag. Eines Tages erschienen auf dem Hof zwei Uniformierte. Welcher Gattung sie waren, wusste ich nicht. Nach einem kurzen Gespräch mit dem Bauern dolmetschte mir die Bäuerin, ich solle mit den beiden nach Wartenberg, etwa 3 km von unserem Hof entfernt, fahren und einige Sachen auf den dortigen Berg bringen. Was mein Bauer machte, war schleierhaft, vielleicht löste er Kreuzworträtsel, jedenfalls mitkommen wollte er bei meinen Aufträgen niemals. Ich hatte einen gummibereiften Wagen angespannt. In Wartenberg mussten ein behauener schwerer Granitstein und einige Bretter aufgeladen werden. Dann fuhren wir zu dem bewaldeten Berg am Ortsrand. Schon bei der Anfahrt auf einem schmalen Waldweg zeigte der Rappe seine Künste. Das bisher kaum erwähnte zweite Pferd war ein gutmütiger Fuchswallach, er hatte vorher mit dem Ochsen sicher gut harmoniert. Sobald es durch den Anstieg schwieriger wurde, den Wagen nach oben zu ziehen, und ich durch die vielen von den Bäumen herabhängenden Äste die Peitsche kaum benutzen konnte, ging mein Rappe ein klein wenig rückwärts. Die sonst so sinnvolle Einrichtung der Deichselwaage, an der die Pferde angespannt waren, bewirkte, dass das ziehende Pferd plötzlich die Wagenlast nicht mehr spürte und stehen blieb. Wie das im Normalfall perfekt funktioniert, hat mir später auf einem niedersächsischen Bauernhof mein Bruder Helmut demonstriert. Er benutzte überhaupt keine Peitsche. Den schwer beladenen Langholzwagen zogen die schweren Kaltblutpferde auf seine mündliche Aufforderung „los geht's" ganz allein sich langsam in das Geschirr legend, offensichtlich nur vom Lastgefühl gesteuert, ganz gleichmäßig ohne jeden Ruck an. Irgendwie waren wir aber doch bis dahin gekommen, wo es wegen fehlenden Weges mit dem Wagen nicht mehr weiterging. Der schwere Stein wurde mit Stricken auf den Brettern befestigt und der Fuchs davor gespannt. Den Rappen band ich mit seinem Halfter an einen Baum. Auf der Spitze des Berges war ein Gerüst für einen trigonometrischen Vermessungspunkt im Bau, wofür der Stein vorgesehen war. Das Abladen wurde dann plötzlich durch das Wiehern des durch den Wald heraufstürmenden Rappen gestört. Er hatte wohl nicht allein in dem großen Wald bleiben wollen, sich das Halfter vom Kopf gerissen, uns gesucht und gefunden.

Eines Tages klopfte es an der Wohnstubentür und herein trat mein Vater in grau gefärbter Militärkleidung. Alle waren wie erstarrt, ich fiel ihm um den Hals. Erstarrt war auch mein tschechischer Bauer, der ehemalige Partisan. Schnell und gut reagiert hat die Bäuerin, sie stand auf und nahm ihren Mann mit nach draußen. Ich schlief in einem zum Gehöft gehörenden kleinen Wohngebäude etwa 200 m vom Hof entfernt. Dorthin brachte ich meinen Vater. Er hatte meine aktuelle Adresse von meinem in Stollberg in Sachsen lebenden Onkel Franz erhalten und wollte nun illegal seine Familie in Reichenau besuchen. Es war schon ein tollkühnes Unternehmen, sich in dieser Kleidung zu Fuß durch die von russischem Militär und tschechischer Polizei voll besetzte Tschechoslowakei zu bewegen. Am nächsten Morgen gegen vier Uhr sind wir zusammen in Richtung Reichenau, über den 1.010 m hohen Jeschken, möglichst immer im Wald, aufgebrochen. Ich mit einer weißen Armbinde und einem tschechischen Ausweis in der Tasche vornweg, mein Vater in Sichtweite hinter mir, so hatten wir es besprochen. Schon kurz nach Hennersdorf rief uns ein bewaffneter Jäger zu, wir möchten zu ihm kommen. Im Nu waren wir im Wald verschwunden. Auch in Reichenau konnte ich gute Dienste leisten, denn das Bäckereihaus gab es nicht mehr, es war schon requiriert. Zurück zu meiner Arbeitsstelle bin ich mit der Bahn gefahren. Zum vereinbarten Termin kam der Vater wieder nach Hennersdorf in die ihm schon bekannte Unterkunft. Ich ließ mir einen Tag frei geben, um Vater Geleitschutz bis zur Grenze nach Sachsen zu geben. Wir machten es wieder so. Da die Grenzkontrollen und Streifenwege unbekannt waren, konnte ich leicht in Häusern nach irgendwelchen Deutschen fragen und so ohne besondere Gefahr freies Gelände überwinden. Mein Vater kannte das Grenzgebiet nach Deutschland recht gut, er war dort in den Zwanzigerjahren als Schmuggler mit Schmuckwaren tätig gewesen. Meine Mutter hatte mir einmal ein Foto von ihrem damaligen Freund gezeigt, er hatte an jedem Finger mindestens einen Ring. Bei unserem Grenzgang warf ich ihm vor, dass er das reumütig der Kirche geschenkte Geld besser in seine Bäckerei hätte stecken sollen, was er aber zurückwies.

Das als Schlafstätte für mich genutzte kleine Häuschen musste die Bauernfamilie abgeben, für mich wurde über dem Stall ein früher schon als solcher genutzter kleinerer Schlafraum mit einem großen Bett eingerichtet.

Im Frühjahr 1946 bekamen wir Besuch von der Freundin des Bruders der Bäuerin, sie sollte einige Zeit auf dem Hof helfen. Etwa 25 Jahre alt und recht attraktiv. Sie sprach ein wenig deutsch, sodass wir bald guten Kontakt bekamen. Wie ich nach und nach erfuhr, hatte sie während der deutschen Besetzung einen Soldaten kennengelernt, der sie nach dem Krieg heiraten wollte. Untergebracht war sie offensichtlich in den von der Bauernfamilie genutzten Schlafräumen. Wie und von wem eines Tages der Vorschlag gemacht wurde, der Besuch könne doch bei mir in dem großen Bett schlafen, weiß ich nicht mehr, aber wohl von der Bäuerin. Wie sich das eingestellt und eingespielt hatte, ist mir heute nur noch vage in Erinnerung. Erinnern kann ich mich aber sehr wohl an dieses für mich neue und interessante Abenteuer.

Ende Juli 1946 informierte mich meine Mutter, dass unsere Aussiedlung bevorstünde. Ich brach also meine eigenständigen Zelte dort ab. Die Bäuerin übergab mir zum Schluss noch 500 Reichsmark als Lohn für meine Arbeit, sie wussten wahrscheinlich auch nicht, ob sie damit noch etwas anfangen konnten. Dank ihrer Deutschkenntnisse und ihrer immerwährenden Vermittlerrolle zu ihrem Mann konnte ich diese Nachkriegszeit ohne Repressalien bewältigen. In Reichenau wäre dies längst nicht so einfach gewesen. Auch hätte ich dort keine Pferde gehabt!

Die Zeit bis zur Vertreibung aus dem Sudetenland verlief in dem meiner Mutter zugewiesen bereits geräumten kleinen Haus ohne Probleme. Es fiel mir auf, dass meine Schwester mit der etwa gleichaltrigen tschechischen Nachbarstochter immerzu spielte, aber erst als ich mit meiner Schwester deutsch sprach, diese entrüstet auf Tschechisch rief:

„Iii, das ist ja eine Deutsche." Ich hatte da ja schon meine eigenen Erfahrungen mit meiner tschechischen Kindheitsliebe hinter mir! Die Termine für die Freigabe der Häuser oder Wohnungen wurden den Betroffenen schriftlich mitgeteilt. Es kam dann eine Patrouille mit einem Polizisten, um die Kisten, das Gepäck, vor dem Verschließen zu kontrollieren. Wahrscheinlich haben viele ihr letztes Domizil kunterbunt verlassen. Meine Mutter hatte das gesamte kleine Haus mustergültig aufgeräumt und geputzt. Das allein genügte dem Polizeioffizier schon, sehr zuvorkommend mit uns umzugehen. Bei der Kontrolle der einzelnen Räume fiel ihm ein von meinem Onkel gemaltes Bild von einer übersinnlich dargestellten Frau auf. Er fragte, ob wir das Bild nicht mitnehmen wollten. Als meine Mutter dies verneinte, bat er darum, das Bild zu bekommen. Ich musste es anschließend zur Polizeistation bringen. Er forderte meine Mutter auf, noch einmal zu prüfen, ob es nicht doch noch einiges gäbe, was sie mitnehmen möchte. In Erinnerung ist mir geblieben, dass er selbst dazu einige Vorschläge machte, aber unsere Kisten waren bereits voll. Als Sammelstation vor der Verladung auf dem Bahnhof mussten alle für drei Tage im ehemaligen deutschen KZ verbringen. Dort wurden auch alle Sparbücher beschlagnahmt. Bald stand auf dem Bahnhof von Reichenau ein langer Güterzug mit geschlossenen Wagen bereit, in den wir unsere Kisten verladen mussten. Die Fahrt ging in mörderischem Tempo durch das Elbtal. Erster Halt war Bad Schandau. Irgendwann wurden Parolen bekannt, es ginge nach Mecklenburg. Am Nachmittag kamen wir in Parchim in Mecklenburg an und wurden auf ein Abstellgleis an einer Baracken-Siedlung geschoben. Mein Cousin Robert, er war mit etwa 18 schon Waise und durch eine Rückgratverkrümmung erheblich behindert. Die siebenjährige Schwester Sunhild, mein zwei Jahre jüngerer Bruder Erhard und die Mutter. Ich habe dann das Entladen organisiert, damit das bisschen, was wir noch mitgebracht hatten, nicht noch von dem ca. 4 m hohen Bahndamm gestohlen wurde. An die primitive Unterkunft mit den von den oberen Betten herabfallenden Wanzen kann ich mich noch erinnern. Auch an den Capri-Schlager „wenn die rote Sonne im Meer versinkt", der mehrmals am Tag über die Lautsprecher lautstark ausgestrahlt wurde, wohl damals als Ersatz-Nachkriegs-Deutschlandhymne. Nach einigen Wochen wurde die Weiterreise nach Thüringen vorbereitet und auch wirksam. In Gotha und Umgebung hatten sich einige Bijouterie-Aktivisten aus Gablonz bereits angesiedelt und brauchten natürlich weitere Facharbeiter dieser in Thüringen nicht beheimateten Branche. Meine Mutter als ehemalige Glasperlen-Wicklerin konnte hier natürlich rasch eine Arbeitsstelle finden.

Neue Heimat und Ausbildung

Tabarz in Thüringen 1946

Vom Zwischenlager in Parchim wurde je ein Personen- und Güterwagen für die Fahrt nach Thüringen bereitgestellt. Nach der Entladung in Waltershausen wurden wir mit einem LKW nach Tabarz gefahren. Im großen Gemeinschaftssaal des Schwesternhauses wurden etwa 20 Personen auf Strohsäcken untergebracht.

Es gab Lebensmittelkarten und Gutscheine für das Mittagessen in einer kleineren Gaststätte. Wenige Tage nach unserer dortigen Ankunft erhielten wir ein Telegramm aus Wißgoldingen in Baden-Württemberg: „Gustav Thiel am 16.09. verstorben". Unser Onkel Franz, der Bruder der Mutter, kam sofort, um seiner Schwester beizustehen.

Gemeinsam mit meinem Cousin Robert beschafften wir uns von der russischen Kommandantur in Gotha einen Passierschein für die Fahrt in die amerikanische Zone. Das ging nicht direkt, sondern nur über ein in der Nähe des Bahnhofs von Eisenach vorhandenes Quarantänelager. Registrierung, Entlausung und Organisation der Abfahrt in Güterwagen. Irgendwie haben wir uns zur Schwäbischen Alp durchgeschlagen. Der Pfarrer übergab uns einige wenige Hinterlassenschaften meines Vaters und vermittelte uns Unterkunft und Verpflegung bei einem Bauern. Dort berichtete man uns, dass mein Vater Pilze gekocht hatte und einen Rest in einem Aluminiumtopf aufbewahrt hatte. Nach dem Genuss dieses Restes bekam er Schmerzen. Einen Arzt gab es in dem Ort nicht. Bis ein Rettungsdienst ihn zum Krankenhaus von Schwäbisch Gmünd gebracht hatte, waren 6 Stunden vergangen und eine Rettung war erfolglos. Es war alles schon sehr förmlich und seltsam. Nach dem Besuch am Grab meines Vaters haben wir den Ort bald wieder verlassen.

Foto: www.tlk-messtechnik.de

Blick vom 5 km entfernten, 916 m hohen, Inselsberg

Wir fühlten uns an diesem Ort nicht wohl. Da war uns Tabarz schon sympathischer. Dank der 500 Reichsmark von der Tschechischen Bäuerin waren wir in der Lage, noch mehrere Reisen in die westlichen Zonen zu unternehmen, um Bekannte zu besuchen und nach Möglichkeiten für eine Umsiedlung zu suchen. Schleswig-Holstein und das Allgäu

Wir fühlten uns an diesem Ort nicht wohl. Da war uns Tabarz schon sympathischer. Dank der 500 Reichsmark von der Tschechischen Bäuerin waren wir in der Lage, noch mehrere Reisen in die westlichen Zonen zu unternehmen, um Bekannte zu besuchen und nach Möglichkeiten für eine Umsiedlung zu suchen. Schleswig-Holstein und das Allgäu gefielen uns aber auch nicht.

Die unserer verlorenen Heimat ähnliche Landschaft von Thüringen und die in Aussicht stehende Arbeitsstelle für meine Mutter gaben letztlich den Ausschlag für die gemeinsame Entscheidung, in Thüringen zu

Foto: Spelda,Tabarz

bleiben. Nach einiger Zeit wurde uns eine im Sommer für Feriengäste genutzte Wohnung zugewiesen. Für den kommenden Winter war sie eigentlich nur schlecht geeignet. Allein der Transport von einem Raummeter frischen Buchenholzes vom Kleinen Inselsberg über die teilweise mit 10 % abfallende Landstraße war ein bisher unbekanntes Abenteuer. Ich an der vorderen Lenkposition des vom Hauswirt geliehenen Hörnerschlittens, Robert und Erhard hinten. Auf der vereisten Straße war an Bremsen nicht zu denken, in rasender Schussfahrt ging es nach unten. Zum Glück gab es damals noch kaum ein Auto, dem wir hätten begegnen können. Unser permanent vorhandener Hunger und das meinem Vater gegebene Versprechen veranlassten mich, mit meiner Mutter beim Bäckerobermeister von Gotha vorzusprechen, nach einer Möglichkeit einer Lehre zum Bäcker. Er machte uns dazu wenig Hoffnung, also blieb es erst einmal beim Herumgammeln.

Nach einiger Zeit erhielt ich vom Arbeitsamt die Aufforderung zur Vorsprache. Man teilte mir lakonisch mit, bei Interesse am weiteren Bezug von Lebensmittelkarten hätte ich eine Arbeitsstelle nachzuweisen. Man gab mir gleich die Adresse der Schraubenfabrik von Waltershausen mit. Nach Vereinbarung eines Termins musste ich mich zum Aufnahmegespräch dort einfinden. Ich hatte keine Ahnung, was mich dort erwartete, wusste aber instinktiv, nur Dummheit könnte mich vor einer Arbeit an Schraubenautomaten bewahren. Die mir gestellten Aufgaben der Bruchrechnung und der Ermittlung einer Bahnverbindung aus dem Kursbuch waren wie erwartet für mich nicht lösbar. Ich bekäme Bescheid, teilte man mir zur Verabschiedung mit.

Auf dem Heimweg durch den Wald habe ich geheult. Es kann nicht sein, dass ich so etwas machen muss. Schon da war mein Entschluss gefasst, dass das mir vom Hauswirt und Besitzer von Sägewerk und Zimmerei schon mehrfach unterbreitete Angebot zu einer Arbeitsstelle bei ihm die bessere Lösung war. Da auch eine Arbeit am Gatter zur Herstellung von Balken und Brettern von mir den Schrauben von Waltershausen gleichgesetzt wurde, blieb es bei einer Zimmererlehre. Schon Jesus soll Zimmermann gewesen sein, es konnte also nicht das Schlechteste sein. Mit den etwa 15 Beschäftigen kam ich eigentlich ganz gut aus. Der für mich direkt zuständige Zimmerermeister meinte gleich am ersten Tag, sich meinen noch nie gehörten Vornamen nicht merken zu können, und meinte, Max wäre besser. Nachdem er danach mehrmals nach Max rief und ich weiter aus dem Fenster schaute, hatte sich das rasch geklärt.

In Thüringen war es schon länger üblich, im Sommer auf der eigenen kleinen Landwirtschaft und im Winter als Tischler oder Zimmermann zu arbeiten. Diese Lösung war natürlich für die Nachkriegszeit ideal, Hunger war für sie ein Fremdwort. Meine mageren Frühstückbrote und meine Augen veranlassten einen dieser Zimmererkollegen, mir unter die Arme zu greifen und mir des Öfteren eine gut belegte Stulle mitzubringen. Bei einer der gemeinsam in der Bautischlerei veranstalteten Frühstückspausen hob der als BGL- (Betriebs-Gewerk-schafts-Leitung-)Vorsitzender agierende Tischlermeister einen Brief in die Höhe und meinte: „Alle einmal herhören, wir sollen einen Kollegen zu einem zweiwöchigen Gewerkschafts-Lehrgang nach Bad Thal schicken, wer will das machen?" Die einstimmige Reaktion war: „Das macht Gothar, unser Zimmererlehrling." Eingedenk meiner Frühstücks-Zubrote waren alle, auch ich, mit dieser sonst wohl schwierig gewesenen Problemlösung einverstanden. Das, was ich dazu hier aufgeschrieben habe, ist nur die Übersetzung. Wie das Gespräch in Wahrheit ablief, kann ich hier leider nicht wiederholen. Die Tabarzer Mundart war damals für mich gerade so verständlich, um in der Lehre keinen Blödsinn zu vollführen.

Meine Lehrgangsteilnahme fiel gerade in die Faschingszeit, was gar nicht so übel war. Einem meiner Arbeitskollegen sollte ich danach an einem arbeitsfreien Samstag beim Umbau helfen. Was da zu machen war, kann ich nicht mehr sagen, in Erinnerung behalten habe ich aber, dass ich als Salär für den Vormittagseinsatz 50 Pfennige bekam.

Ein besonderes Erlebnis war die Mitwirkung an der Errichtung eines neuen Einfamilienhauses. Die damals noch gängige Bauweise in dieser Gegend sah vor, das Haus in Fachwerkbauweise zu errichten und danach durch die Ausfachung mit Lehm oder Ziegeln und eine innere und äußere Verkleidung auszubauen. Als wir fertig waren, packte ich mein Werkzeug in den Rucksack und wollte zur nicht allzu weit entfernten Wohnung losgehen. Einer der Gesellen fragte: „Wo willst du denn hin?" Ich hatte noch kein Richtfest erlebt, deshalb die Antwort: „Nach Hause." Die angebotene Menge an Essen und Trinken war für mich schon imposant, aber meinem spartanisch versorgten Magen war das gar nicht besonders bekommen.

Die Berufsschule für alle Berufe war in Waltershausen, wohin wir einmal je Woche zu Fuß über den Berg liefen. Einige Wochen nach dem Lehrgangsbesuch fand in allen Berufsschulen ein Berufswettbewerb statt. Zu den Bewertungsfächern zählte neben einem praktischen Teil bei der Theorie natürlich auch ein Aufsatz mit einem politischen Thema.

Kaum jemand konnte es sich leisten, so wie ich, dafür einen speziellen Lehrgang zu belegen und so vorbereitet als Wettbewerbssieger dieser Berufsschule zu glänzen. Bei der Siegerehrung wurde verkündet, dass ich als Siegprämie einen von der dritten Schneiderklasse genähten Anzug erhalten sollte, mit eigener Stoffwahl im Konsum-Kaufhaus, und einen Studienplatz an der Ingenieurschule für Bauwesen in Gotha. Bei der Wahl des zweiten Prämienteils hatte die Jury aber übersehen, dass die Ingenieurschule einem anderen Fachministerium als die Berufsschule unterstand. Diese Diskrepanz führte dazu, dass die übergangenen Ministeriumsbeamten das erst einmal ablehnten und eine normale Aufnahmeprüfung verlangten. Nun ist es wohl im Leben ganz normal, dass ein Floh im Ohr manchmal Wunder bewirken kann. Nach meinem in den Kriegszeiten verkorksten Schulbesuch war dies die einmalige Chance, über den Fachschulabschluss doch noch eine Hochschule besuchen zu können. Dass man Versäumnisse der Kindheit später oft teuer bezahlen muss, habe ich hier selbst erfahren.

Schon vorher, aber jetzt erst recht, wollte ich hier in der DDR bleiben und an der Überwindung der Kriegsfolgen mitwirken. In dieser Zeit habe die Umgebung von Tabarz erkundet und viele nachträgliche Freunde gefunden. Im Gegensatz zum Allgäu waren hier die Berge zwar nicht so hoch, aber in einer guten Stunde den so repräsentativen Inselsberg zu erreichen und über den Rennsteig wieder nach Hause zu bummeln, war für mich schon eine Menge wert.

Mit meinem viel zu früh an Krebs verstorbenen Freund Georg Kallenbach gingen wir zeitweise dreimal in der Woche zum Tanz, vorher wurde zur Stimmungsanhebung aus dem Vorratskeller seines Vaters eine Flasche Apfelwein geköpft und das Geld, sein Geld, gezählt, damit wir auf dem Laufenden waren, wie viel wir ausgeben konnten. Wenn nötig, wenn zum Beispiel ein Kurschatten bewirtet werden musste, gab es ein vereinbartes Zeichen an unsere Nachbarin, die dort als Bardame tätig war, und unser Schnapsglas enthielt nur billigeres Leitungswasser.

Es war eine Zeit, in der man spürte, dass der 2. Weltkrieg viele Entbehrungen hinterlassen hatte. Außer den beschränkten materiellen und Versorgungsproblemen und der gegenüber den Einheimischen bescheidenen Unterbringung, für diese waren die Umsiedler Menschen zweiter Klasse, habe ich aber keine Nachteile empfunden.

Anders war das bestimmt für meine Mutter. Sie hat durch den Verlust der mühsam aufgebauten Bäckerei, die Schulden hatte sie noch vor der Aussiedlung beglichen, und den Verlust ihres Mannes teuer für die Befreiung durch Hitler bezahlt.

Nach der Lehrzeit habe ich noch etwa ein Jahr dort gearbeitet. Die Aufnahmeprüfung an der Fachschule für Bauwesen in Gotha hatte ich geschafft. Dort gab es eigentlich wenig schulische Probleme, das Studium machte mir Spaß. Recht viel Aufwand musste ich für die in der Volksschule nicht bekannte höhere Mathematik einsetzen. Mit den 24 Kommilitonen kam ich eigentlich recht gut aus, was bei meiner Bescheidenheit auch selbstverständlich war. Zu der aus einem Arbeitseinsatz in Berlin resultierenden Kontroverse mit dem Parteisekretär komme ich später.

Bei der sich jährlich wiederholenden Wahl zum FDJ-Sekretär haben die meisten verlangt, ich solle künftig den FDJ-Sekretär machen, was ich kaum ablehnen konnte. Den meisten Ärger hatte ich danach, als ich vor der Schulleitung den Streik unseres Semesters, eine provokante Sonder-Klassenarbeit des Mathe-Dozenten zu schreiben, verantworten musste. Da ich beweisen konnte, diese Arbeit zwar geschrieben, aber nicht abgegeben zu haben, blieb es für mich ohne Folgen. Zu dem für unser Semester verantwortlichen Dozenten Ernst Eisert hatte ich ein sehr gutes Verhältnis, ich blieb nach Studienabschluss noch ein Jahr als Assistent bei ihm. Als ich in der Mitte des Studiums für zwei Wochen zu einem Skilehrer-Kursus fahren wollte, beschwerte sich einer der übrigen Dozenten bei ihm. Seine Antwort war: „Lassen sie ihn ruhig Ski fahren. Kollege Thiel holt das ohne Schwierigkeiten nach." Skifahren war nach den Pferden wohl meine zweite Leidenschaft. Von diesem

Kurs weiß ich nur, dass ich einschließlich des Lehrgangsleiters der Einzige war, der nicht gestürzt war. Einige Jahre später hielt mich am Ski Hang von Oberwiesental eine Frau an und sagte: „Das, was Sie eben hier gezeigt haben, müssen Sie von meinem Mann gelernt haben, nur er konnte das bisher."

Hier beim „Abwintern" am Nordhang des Inselsberges

Es war eine besondere Art des Schwingens, schön anzusehen, aber eigentlich unwichtig. Viel wichtiger war für mich das Skifahren, um auch das Hochgebirge genießen zu können. Noch in Gotha nahm ich das Fernstudium zum Diplomingenieur an der TU Dresden auf.

Bei einem externen Vortrag in der Bauschule in Gotha hörte ich von den nach dem Krieg intensivierten Forschungsarbeiten zur Anwendung des Spannbetons. Als meine Bemühungen, im Stahlbau von Berlin eine

Experimentellen Erprobungen der Forschungsgruppe in Magdeburg, 1956

Arbeitsstelle zu finden, erfolglos blieben, entschloss ich mich, es mit dem Spannbeton zu versuchen. In Magdeburg gab es dazu eine Forschungsgruppe, bei der ich mich bewarb und angenommen wurde. Mein dortiger Kollege, Arno Runge, bearbeitete Masten, ich selbst Dachkonstruktionen.

Nachdem der Leiter der Forschungsgruppe, Dr. Mlosch, zum Professor an die TU Dresden berufen wurde, haben wir diese Arbeiten nach Dresden verlagert. Wegen fehlender Interessen der TU an diesen Arbeiten habe ich kurzerhand eine Bewerbung als Betontechnologe bei der Aufbauleitung des Kraftwerkes Schwarze Pumpe abgegeben und dort, nach Zusage, eine neue Tätigkeit aufgenommen.

Diese Funktion entsprach meiner letzten Aufgabe an der Fachschule in Gotha. Bald nach der dortigen Arbeitsaufnahme verlangte mein Betriebsdirektor von mir eine Stellungnahme zu einem von zwei Betriebsdirektoren gemeinsam abgegebenen Verbesserungsvorschlag. Danach sollte der Aushub beim Kraftwerksbau nicht wie bisher entsorgt, sondern als Zuschlagstoff für die Betonherstellung Verwendung finden, der Nutzen ging in die Millionen. In meiner Stellungnahme schlug ich vor, damit Sanduhren zu befüllen, denn für Beton war das Material völlig ungeeignet. Diese mündlich vorgetragene Stellungnahme war aber nicht zufriedenstellend, ich sollte das mit Beweisen ausführlich schriftlich formulieren. Mein Betriebsdirektor hatte aus mir nicht bekannten Gründen diese Begutachtung an die örtliche Dienststelle der Staatssicherheit übergeben. Mein Dilemma ergab sich im Folgenden daraus, dass der Betriebsdirektor wegen Trunkenheit am Steuer, mit Verkehrsunfallfolge, entlassen wurde. Da völlig unklar war wie es dort weitergehen sollte verlangte ich eine Aussprache in der Kaderabteilung. Ohne das näher zu begründen teilte man mir dabei mit für meine Qualifikation keine Verwendung mehr zu haben. Mein ehemaliger Direktor fühlte sich aber in der Pflicht mir eine neue Arbeitsstelle zu vermitteln. So kam ich im Oktober 1958 zum VEB Hochbauprojektierung II in Berlin, einem von drei großen Projektierungsunternehmen. Es gehörte zum Berliner Bauwesen das dem Magistrat von Ostberlin unterstand.

Hier übernahm ich als Projektant Aufgaben zur Planung und Projektierung von Betonwerken und Einrichtungen der Massenproduktion des industriellen Wohnungsbaus.

Im Februar 1962 erhielt ich als Schlusspunkt des langjährigen Fernstudiums die Urkunde zum Diplom-Ingenieur.

Meiner Ausbildungszeit möchte ich noch die 1962 durchgeführte Teilnahme an einem Programmierlehrgang für den Elektronischen Rechenautomaten, Zeiss ZRA1, zuordnen.

Die Einführung der elektronischen Rechentechnik im Berliner Bauwesen

Die signifikanten Stationen

1962

Teilnahme am Lehrgang für Programmierung des Zeiß- Rechenautomaten ZRA1.

Die Programmierung in der Maschinensprache erforderte die Berücksichtigung des Dualsystems. Das Dualsystem war die entscheidende Basis für die Erfindung des Computers durch Konrad Zuse. Als Analogie zur ausschließlichen Verwendung der beiden Zahlen, Null und Eins, wurden von Zuse anfangs Telefonrelais mit den beiden Schaltzuständen AUF und ZU verwendet.

Dualsystem

Zehnersystem:	Wert von 1 gemäß der dualen Position												
	1	2	4	8	16	32	64	128	256	512	1024	2048	4096
8				1									
4			1										
8+4=12			1	1									
8x4=32						1							
84			1		1		1						
48					1	1							
275	1	1			1				1				

Die duale Darstellung der Zahl 275 ist demnach **110010001.**

1964

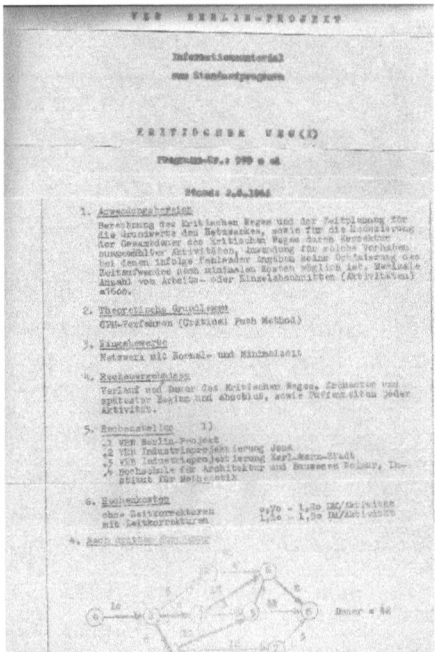

Erstes Programm des kritischen Weges für die Ablaufplanung großer Bauvorhaben entwickelt und in die praktische Nutzung überführt. Die Anregung dazu hatte ich aus einer westlichen Fachzeitschrift aus der Staatsbibliothek erhalten.

Erste Projekte für die Aufwandsplanung begonnen.

Im bezirksgeleiteten Berliner Bauwesen war entsprechend den Empfehlungen der Zentralstelle für Bürotechnik eine Lochkartenstation zur Rationalisierung der Arbeiten in den Hauptbuchhalterbereichen der Baukombinate und Baubetriebe eingerichtet worden. Bearbeitet wurden hier die Aufgabenbereiche Brutto- und Nettolohnrechnung, Grundmittelrechnung, Materialrechnung und Kostenrechnung. Von Arbeitsgruppen unter Leitung der Hauptbuchhalter waren die dafür erforderlichen organisatorischen Voraussetzungen geschaffen worden.

1965

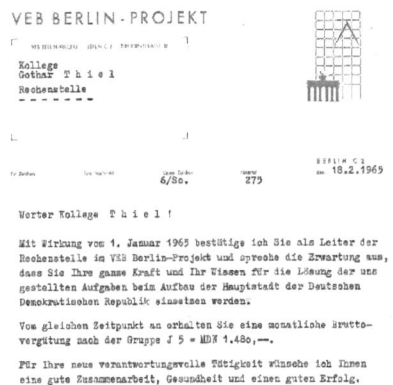

Leitung der Rechenstelle im
VEB Berlin – Projekt
übernommen.

Parallel zu den Arbeiten für den VEB Berlin- Projekt wurde mit der Vorbereitung für eine Gemeinschaftseinrichtung der elektronischen Rechentechnik des Berliner Bauwesens begonnen. Dazu gab es Beratungen mit den Leitern aller Rechenstellen der Kombinate und Betriebe.

1967

Am 1.Januar 1967 wurde das ZOD, Zentrum Organisation und Datenverarbeitung des Berliner Bauwesens, gegründet und ich mit der Leitung beauftragt.

Zur Unterstützung in der Anfangsphase war das Kombinat Tiefbau Berlin mit der Betreuung beauftragt. Die Lochkartenstation des Berliner Bauwesens mit 7 Sätzen Lochkartenmaschinen und etwa 60 Mitarbeitern wurde dem ZOD zugeordnet, Standort Storkower Str. 150.

Das Sekretariat des Zentralkomitees der SED hatte verfügt, dass ein von der Deutschen Bauakademie beantragter Import für einen IBM-Computer zum Berliner Bauwesen umgelenkt wird.

Am 9. Juni 1967 ward der Liefervertrag für eine IBM Computeranlage 360/40 bei Büromaschinen- Export (BME) unterzeichnet worden.

Der Bezirksbaudirektor berief ein Leitgremium für die Arbeiten zur Vorbereitung und Einführung der elektronischen Rechentechnik im bezirksgeleiteten Berliner Bauwesen, unter seiner Leitung, ein.

Durch die Vermittlung der Bezirksleitung der SED wurden aus dem Funk-Werk Köpenick und dem Transformatorenwerk drei Dipl.-Ing. der Elektronik zum ZOD delegiert. In speziellen Tests der IBM sollte die Eignung für eine bei IBM in Paris und London durchzuführende Zusatzqualifizierung zum Wartungsingenieur für die IBM- Anlagen geprüft werden. Im Ergebnis wird eine Überqualifizierung festgestellt, von uns aber ignoriert. Nach den IBM Standards sollen dafür Ingenieure und gute Techniker eingesetzt werden, welche nicht den Ehrgeiz haben einen Schaden selbst reparieren zu wollen. Die Lehrgänge liefen vom Herbst 1967 bis Mitte 1968. Die unmittelbar danach eingeleiteten Schulungsmaßnahmen zur Vermittlung von Programmiersprachen und den mit dem Softwarepool gelieferten Anwendungspaketen, besonders zu den ökonomischen, statischen und bauwirtschaftlichen Problemstellungen schlossen Mitarbeiter der Baukombinate und Betriebe ein.

1968

Am 9.Januar 1968 wurde die erste Anlage IBM 360/40 in der dem ZOD zugeordneten Lochkarten-Station des Berliner Bauwesens, in der Storkower Straße, übergeben. Als eines der ersten Projekte wurde unter Nutzung des IBM-Lohnprojektes die Brutto- und Nettolohnrechnung der 55.000 Beschäftigten auf die elektronische Bearbeitung umgestellt. Für die umfangreiche Datenbereitstellung wurden zwei Markierungs-belegleser beschafft und die Eingabebelege aus der BRD importiert.

Dank dieser Vorleistungen und des Softwarepaketes der IBM-Lohn-

rechnung konnte nach relativ kurzen Schulungen für die Programmierer die Lochkarten-technik stillgelegt werden.

Am 1. Mai 1968 wurde das ZOD zum selbständigen volkseigenen Betrieb umgewandelt und ich zum Betriebsdirektor berufen.

Am 7. Oktober 1968 wurde das Kollektiv Netzplantechnik der Bauakademie mit dem Orden „Banner der Arbeit" ausgezeichnet. Dass ich auch dazu gehören sollte hatte ich einige Tage vor der Auszeichnung erfahren.

1969

Am 7.Oktober 1969 wurde das Kollektiv „Aufbau des Zentrums der Hauptstadt der Deutschen Demokratischen Republik-Berlin" anlässlich des 20. Jahrestages, mit dem Nationalpreis ausgezeichnet, für seinen schöpferischen Anteil bei der Projektierung und beim Aufbau des Stadtzentrums Berlin, die richtungweisend für die wissenschaftliche Leitungstätigkeit des Bauwesens und für die Gestaltung der sozialistischen Architektur sind.

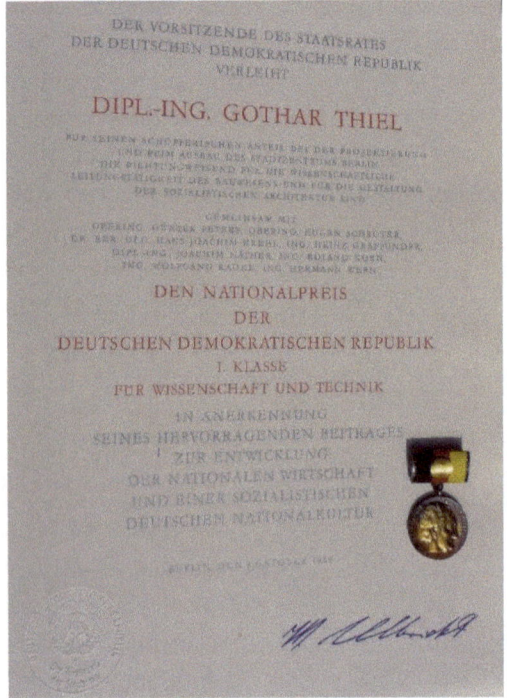

Die Funktionen der Mitglieder des Kollektivs waren:

Stadtrat und Baudirektor
Hauptdirektor WBK Berlin
Dir. Institut für Ökonomie
der Bauakademie, Leipzig
Architekt WBK Berlin
Chefarchitekt Berlin
Architekt BMK IHB Berlin
Architekt WBK Berlin
Direktor ZOD Bauwesen
Berlin
Hauptdirektor BMK IHB

Auf einem Trümmergrundstück in der Charlottenstraß 36 wurde mit der Errichtung eines eigenen Betriebsgebäudes für das ZOD begonnen.

Demonstration der IBM Anlage für den Kandidaten des Politbüros Günter Kleiber und Beratung des Bezirksbaudrektors mit den Ministern für Elektrotechnik/Elektronik, für Bauwesen, für Maschinenbau im Bezirksbauamt Berlin.

Über die Weiterbildungsakademie des Berliner Bauwesens wurden eine Reihe spezieller Lehrgängen zur Thematik Elektronische Rechentechnik vorbereitet und durchgeführt. Einen großen Teil dieser Lehrgänge wurde von mir bestritten.

Für die betriebsübergreifende Nutzung der Anwendungslösungen wurden von Arbeitsgruppen die einheitlichen organisatorischen Regelungen bzw. Organisationsanweisungen erarbeitet.

1970

Fertigstellung des neuen Betriebsgebäudes des ZOD in der Charlottenstraße 36, direkt neben der Prachtstraße Unter den Linden.

Import einer zweiten Anlage IBM 360/40 und Inbetriebnahme im neuen Betriebsgebäude des ZOD. Nutzung dieser für uns wert-vollen Hardware im durchgehenden Vierschichtbetrieb.

Weitere Anwendungsbereiche ergaben sich aus den Aufgaben der Planung und Konstruktion für den Wiederaufbau der im 2. Weltkrieg zum Teil total zerstörten Hauptstadt der DDR.
In enger Zusammenarbeit mit den Architekten, Statikern, Bauwirtschaftlern und Ökonomen der Planungsbetriebe der drei großen Baukombinate bereiteten die Mitarbeiter der Projektierungsabteilung des ZOD die von IBM mitgelieferten Statik Programme auf und organisierten gemeinsam die Computeranwendung.

So wurden die Berechnungen für alle großen Bauvorhaben durchgeführt, u.a. für den neuen Fernsehturm von Berlin.

Ab 1971

ALSV, das automatisierte Leitungssystem der Vorfertigung. Es wurden große Anstrengungen unternommen um das Wohnungsbauprogramm, die zentrale politische Aufgabe, als Nachweis für den sozialen Fort schritt der DDR, zu unterstützen.

Gemäß den Standardlösungen des Großplatten-Wohnungsbaus, ab 1972 die Wohnungsbauserie 70, wurden die bis zu 6,3 t schweren Großplatten auf den jeweiligen Baustellen in speziellen Lagergerüsten zwischengelagert. Bei einer durchschnittlichen Tagesleistung der Montage

Berlin Hohenschönhausen, WBS70 11 geschossig, gebaut 1984, Sanierung und Eckbau 1997

von 20 Wohnungseinheiten erforderte das den Transport und Umschlag von ca. 1.400 t oder 35 Schwertransporten je 40 t. Mittels Computerunterstützung diesen Riesenaufwand zu reduzieren stand im Mittelpunkt aller sozialistischen Länder. Unsere Zusammenarbeit mit dem Moskauer Wohnungsbau beinhaltete dies auch sinngemäß. In Moskau war die rechentechnische Basis URAL 2 und 4. Hier hatten wir mit der IBM Technik schon erhebliche Vorteile.

Ausgehend von den detaillierten Montageplänen der Fertigteile wurde angestrebt die Zwischenlager einzusparen und direkt vom Schwertransporter zu montieren. Probleme ergaben sich im Besonderen aus den langen Transportwegen und den schwer einzukalkulierenden Verkehrsbedingungen von Berlin.

Zu den Hintergründen

Neben den dargestellten rein sachlichen Aktivitäten der Arbeiten zur Einführung der elektronischen Rechentechnik im Berliner Bauwesen gab es eine Unmenge von Dingen die sich im Rückblick als meine Extratouren herausstellten. Sie wurden meist von mir geplant und realisiert ohne dafür eine rechtliche, vor allem aber politische Legitimation, erhalten zu haben. Vieles entstand auch aus den Querelen mit der Deutschen Bauakademie und dem Ministerium für Bauwesen.

Aus den ausschließlich von mir durchgeführten Beratungen mit den von IBM benannten Verantwortlichen resultierten zum Teil Realisierungsvorschläge mit brisantem politischem Hintergrund. Mir ging es dabei immer darum die für uns, das ZOD und Berliner Bauwesen, günstigste Lösung für unsere Idee eines effektiv arbeitenden Gemeinschafts-Rechenzentrums zu finden. Allein die termin- und qualitätsgerechte Sicherung der Lohn- und Gehaltszahlungen war ein solches Beispiel.

Da ich von der eigentlich längst überholten maschinellen Lochkartentechnik sowieso nichts hielt, wurde sofort nach Sicherung der Aufgaben der Lohn- und Materialrechnung, die dafür notwendige Büromaschinentechnik stillgelegt. Wir hatten in dem Softwarepool mit dem Computer auch das Gehaltsprojekt von IBM erworben. Nach Qualifizierung der Lochkarten Programmierer durch IBM und der Erprobung des dafür vorgesehenen Einsatzes von Markierungs- Beleglesern, für die Eingabedaten der 55.000 im Berliner Bauwesen Beschäftigten, konnten die Lochkarten Maschinen stillgelegt werden. Den etwa 40 Locherinnen wurden qualifiziertere Aufgaben übertragen. In Erinnerung geblieben ist mir dafür der Zeitraum eines halben Jahres.

Zur absoluten Sicherheit gerade, der Lohn- und Gehaltsrechnung, musste Vorsorge getroffen werden. Da es bei uns niemanden gab der uns dazu seine Erfahrungen vermitteln konnte, nahm ich über den für uns zuständigen IBM Mitarbeiter der Wiener Ostzentrale ROECE, Kontakt zum Geschäftsführer der IBM Geschäftsstelle von Westberlin auf. Er selbst besaß überhaupt kein eigens Ersatzteillager. Die IBM Deutschland hatte auf dem Gelände des Flughafens Frankfurt ihr zentrales Ersatzteillager eingerichtet. Die mittels Telex angeforderten Ersatzteile wurden von einem vertraglich eingebundenen Taxiunternehmen, von dort zum Weitertransport nach Berlin an die Flugzeug- Besatzung, übergeben. Auf dem Westberliner Flugplatz brachte ebenfalls ein Taxi die Ersatzteile zur Geschäftsstelle. Er bot mir an, dieses Logistiksystem auch für uns zur Verfügung zu stellen, wir brauchten die Teile dann nur noch vom Reuterplatz abholen. Mir war von vornherein bewusst dass ich diesen Vorschlag niemanden bei uns offenbaren konnte.

Um den speziellen Situationen in den sozialistischen Ländern besser gerecht werden zu können war in Wien eine IBM-Generalvertretung unter der Bezeichnung ROECE eingerichtet worden.

Es waren seinerzeit von der DDR insgesamt zehn Computersysteme bei IBM gekauft worden. Man wusste dort sehr wohl, dass eine politische Abhängigkeit von der BRD vermieden werden musste. Das was ich mit dem Geschäftsführer besprach war also das Unterlaufen dieser politischen Abgrenzung. Die Empfehlung aus dieser ersten oder zweiten Abstimmung war, wenn sie das, wofür ich ihnen mein Wort gebe, dass es immer funktionieren wird, nicht öffentlich verlauten lassen können; denn gibt es noch eine andere Variante. Sie brauchen noch ein zweites Computersystem um die nahezu unbegrenzte Betriebssicherheit für Lohn- und Gehaltsrechnungen garantieren zu können.

Zu diesem zweiten Vorschlag hatte ich um einen Termin beim Staatssekretär für Datenverarbeitung nachgesucht und erhalten. Der damals eingeschätzte Betrag für einen eigenen Ersatzteilstock betrug wohl 40% der Kosten für einen zweiten Computer. Nach einer Stunde Beratung hatte ich die Prinzip-Zustimmung für "meinen" Vorschlag. Nach so langer Zeit ist es natürlich leicht zu konstatieren es ist alles so umgesetzt worden.

Mitte der 70er Jahre gab es eine Havarie am zentralen Kernspeicher einer IBM Anlage. Unter Nutzung der IBM- Geschäftsstelle von Westberlin konnte ein Ersatzgerät noch am gleichen Tag beschafft werden. Nach einigen Tagen hatten unsere Techniker den defekten Speicherkern durch einen außerhalb der Speichermatrix platziertes Bauteil ersetzt. Die Rücknahme des Ersatzspeichers für ca. 3.000 U$ wurde dank unserer guten Kontakte akzeptiert.

Es bietet sich an dieser Stelle nochmals auf unsere Situation in der damaligen Zeit zu verweisen. In unseren Fachzeitschriften gab es so gut wie keine Informationen zu Erfahrungen bei der Einführung der elektronischen Rechentechnik. Auch die in der Staatsbibliothek geführten westlichen Zeitschriften enthielten nur sehr wenig dazu. Auf Einladung von IBM nahm ich Anfang der 70'er Jahre an einem für das bundesdeutsche Bauwesen geplanten 5-tägigen Seminar in München teil. Etwa 40 Teilnehmer aus der BRD, einer aus Ungarn und ich. Die öffentliche Vorstellung entsprach dem bei IBM üblichen Verfahren. Zwei Systeme 360/40 hatte, damals keiner der Teilnehmer. Die Folge war, außer Dr. Pati aus Budapest, sprach keiner der Bauwesenvertreter der BRD mehr mit mir. Zu dieser Zeit entwickelte sich in den USA, und hier vor allem am MIT, der amerikanischen Eliteuniversität, Massachusetts Institute of Technology von Cambridge, ein Entwicklungsboom. Nicht wie in Deutschland wurde das Hochschulstudium vom Staat finanziert, in einem Semester mit möglichst vielen Studenten, damit es sich lohnt! Beim MIT wurden zum Teil kleine Studentengruppen von teilweise nur 4 bis 6 Studenten von einem Professor betreut und lösten von der Industrie benötigte Forschungsprojekte mit deren Finanzierung. Das war für die Entwicklung von Projekten zur Anwendung der Computer die vorrangige Lösung. Die Ergebnisse wurden publiziert. Das Erscheinungsjahr einer bemerkenswerten Veröffentlichung weiß ich nicht mehr, die revolutionäre Aussage ist mir noch sehr gut im Gedächtnis. Ein mir persönlich bekannter Mitarbeiter aus dem ZK übergab mir die Kopie eines als vertrauliches Dienstexemplar deklariertes Schriftstück. Die Übersetzung aus dem Englischen hatte den Titel „Die Rechentechnik hat für den Menschheitsfortschritt eine vielfach größere Bedeutung als die Atomenergie". Es war auf jeden Fall noch vor Gorbatschows Buch zur Perestroika.

Aus anderen Veröffentlichungen hatte ich von Aktivitäten der Automobilindustrie erfahren bei denen es um die Entwicklung und Konstruktion von Autos ging, wozu graphikfähige Computer eingesetzt wurden. Die graphische Darstellung von Gebäuden und Bauteilen ist eine für das Bauwesen und die Architektur eine permanent aktuelle Aufgabe. Bei der nächsten gemeinsamen Beratung mit dem IBM- Vertreter wollte ich Näheres wissen. Er hatte dazu keine Informationen und versprach Recherchen anzustellen. Diese hatten ergeben, dass im Bauwesen der Bundesrepublik dazu noch keine Anfragen bei IBM vorlagen. Es sei nur eine Anwendung in der Automobilbranche, bei Porsche in Stuttgart, bekannt. Eine Rückfrage beim zuständigen IBM- Vertreter und dessen Reaktion hatte ergeben, dass man bei Porsche bereit wäre Vertreter aus Ostberlin zu diesem Thema zu empfangen. Nach Klärung der Spesenkosten- Finanzierung durch Büromaschinen Export (BME) fand diese Beratung gemeinsam mit unserem IBM- Vertreter am 12. April 1970 in Stuttgart statt. Die von einem amerikanischen Unternehmen übernommene CAD Software (Computer Adid Design), wurde für spezielle Konstruktions-Optimierungen der Hochleistungsmotoren, nach deren Testergebnissen eingesetzt. Eine Thematik die fern jeder bautechnischen Aufgabe lag. Das Interessante war aber die Möglichkeit der graphischen Konstruktion und deren Wiedergabe in Zeichnungen. Während der etwa zweistündigen Demonstration und Diskussion bat uns der Vorsitzende des Aufsichtsrates zu einem Gespräch bei einer

Tasse Kaffee. Dabei war auch der uns bei der Vorführung schon beglei-
tende Geschäftsführer. In einer angeregten Diskussion begründete der
Aufsichtsrats- Vorsitzende die Motivation von Porsche die grafische
Darstellung der Bauelemente am Computer, entscheidend effektiver als
mittels Konstruktionszeichnungen, für Optimierungen der Motoren einsetzen zu können. Die guten praktischen Ergebnisse würden rasch zu
weiteren Anschaffungen dieser Grafik- Computer von IBM führen.

Bald nach dem Besuch bei Porsche, hatte ich von IBM ein Angebot
für diese Gerätetechnik angefordert und erhalten. Dabei wurde bekannt,
dass IBM wegen der amerikanischen Embargobestimmungen nur eine
abgerüstete Ausführung in die DDR liefern darf. Vom IBM- Vertreter
wurde dazu eine Reihe von Vorschlägen unterbreitet wie man trotzdem
zu einer Lieferung kommen könne. Dazu gehörte als entscheidender
Punkt, IBM verpflichte sich einen ZOD Mitarbeiter zu einem Entwick-
lerkurs für drei Monate nach München eizuladen. Wir würden damit in
die Lage versetzt die zwei fehlenden Hardware Komponenten durch
Software Tools zu ersetzen. Es handelte sich darum beliebige Punkte
des Bildschirms im Computer zu fixieren und deren Koordinaten für
die Weiterverarbeitung zur Verfügung zu stellen. Und zweites um einen
Vektor- Generator, der zwei beliebige Punkte des Bildschirms, mit einer Geraden verbindet. Den für einen solchen Auftrag geeigneten Mitarbeiter hatten wir nicht im ZOD. Nach Abstimmung mit dem zuständigen Direktor übernahm ein mir bekannter Mitarbeiter der Bauakademie diese Aufgabe und löste sie erfolgreich.

Mehrere Jahre später, informierte mich mein irakischer Partner aus
dem Exportgeschäft über die bei der UNO beantragte Finanzierung eines grafischen Computerarbeitsplatzes zum Bauentwurf. Ich bot ihm an
ein entsprechendes Angebot zu vermitteln. Es war meine Absicht durch
eine Vermittlerrolle vielleicht selbst in den Besitz von RIBCON, einem
solchen CAD-System, zu gelangen. Beim Gespräch mit dem Direktor
von RIB, Dr. Haas in Stuttgart, stellte sich heraus, dass auf dessen Ge-
bäude, in der oberer Etage befand sich das Rechenzentrum des Raum-
forschungszentrums der BRD, einige Tage vor meinem Besuch ein

Sprengstoffanschlag verübt worden war. Im Sofortbericht, dessen Abgabe unmittelbar nach der Rückkehr Pflicht war, habe ich diese Information absichtlich entsprechend dargestellt um das Interesse der Stasi, dorthin kam jeder Sofortbericht, auf dieses Objekt zu lenken. Da es offensichtlich ein Interesse der Stasi gab sich mit diesem Problem zu befassen gelang es mir, nach einem entsprechenden Antrag an den Stellvertreter des Ministers für Bauwesen für Wissenschaft und Technik, dieses System über eine österreichische Vertretung von Züblin, Ende 1988 geliefert zu bekommen. Den größten Nutzen davon hatten allerdings nur die 10 ZOD- Mitarbeiter die sich mit der Einarbeitung in RIBCON und anderen speziellen Anwendungen des Bauwesens, nach der Wende einen Arbeitsplatz bei der Züblin- Tochter RIB sichern konnten.

Hier wollte ich eigentlich ein Foto des von 1971 bis 1974 zuständigen IBM- Betreuers einbinden. Aus dem heute allgegenwärtigen Internet kann aber jeder Interessierte selbst die Internetseite des bekennenden Juden Bruno Bittmann aus Wien aufrufen. Ich hatte in unserer gemeinsamen Zeit in Berlin oft Gelegenheit mit ihm über seine direkte Zusammenarbeit mit Konrad Zuse zu sprechen. Seinen Wunsch, ich möge ihm ein Gespräch mit Erich Honecker vermitteln, konnte ich jedoch nicht erfüllen. Der Generalsekretär war für Jemanden außerhalb der Parteioligarchie nicht erreichbar. Bei einer ungenehmigten Fahrt in seinem Privat BMW nach Dresden konnte ich aber sein Kunstinteresse mit einem ausführlichen stillen Interview, mit der Sixtinischen Madonna in der Gemäldegalerie, entschädigen.

Im Rahmen der engen Kontakte mit dem Softwareunternehmen RIB, erreichte ich Anfang der 80'er Jahre die „Schenkung" eines der ersten IBM PCs 5150. Im Bauwesen der DDR gab es einige Jahre später nach den offiziellen Anfragen des Ministeriums für Elektrotechnik/ Elektronik noch überhaupt keinen Bedarf für Pesonalcomputer. Erwähnen sollte ich hierzu, dass ein mir bekannter Kombinatsdirektor, mit eigenen Westexporten seines Unternehmens, eine aus der BRD zum 60.

Geburtstag geschenkt erhaltene Musiktruhe abliefern musste. Für meinen PC hatten die „Oberen" offensichtlich keine Verwendung!

Welche Vorteile schon durch die Nutzung eines damals noch recht einfachen PC erreichbar waren, möchte ich an einem Beispiel belegen. Für die Ermittlung der Rückzahlungsraten eines Baukredits setzten die Versicherungsunternehmen große und leistungsfähige Computer ein. In Verbindung mit dem Tabellenkalkulator EXCEL, genügte es die Zinskonditionen für einen Monat einzugeben und durch die Berechnungswiederholung des PC, war man in der Lage in kürzester Frist, die sich über Jahre verändernden Rückzahlungsraten, auf den Pfennig genau, ermitteln zu lassen.

Nach dem 1979 in Bagdad abgeschlossen Exportvertrag und der Einnahme von einer Million DM bei Büromaschinen Export ergaben sich für uns kaum Grenzen bei der Valuta- Finanzierung von Auslandsreisen. Die BRD war für uns ja Ausland. Ich bin seit dieser Zeit zu vielen SYSTEMS, der jährlich im Herbst in München stattfindenden Computermesse, gefahren. Dort wurde über die neuesten Hard- und Softwareentwicklungen informiert. Konrad Zuse war ständig als Gast des Bauwesens dabei. Einmal habe ich dort auf Empfehlung von Büromaschinen Export einen nicht aus dem Bauwesen stammenden Kombinatsdirektor, ZK- Mitglied, für einige Tage betreut, er hatte mit Auslandreisen kaum Erfahrung.

Aus einer zur SYSTEMS getätigten Voranmeldung erhielt ich Anfang der 80'er Jahre eine Einladung des Vereins Deutscher Ingenieure (VDI) zur Teilnahme an einem Führungskräfte- Seminar, im damals ganz neuen Maritim Hotel von Bad Homburg. Damit versuchte der VDI die Einführung der elektronischen Rechentechnik in der Industrie der BRD zu unterstützen. Aus dem Ostblock war ich sicher der einzige Teilnehmer. Den Festvortrag vor den ca. 200 Teilnehmern hielt der Vorstandsvorsitzende von Siemens aus München. Für mich damals provozierend fand ich seine zündenden Schlussbemerkungen: „um die Jahrtausendwende wird es in ihrem Notizbuch klingeln und sie sehen darin den Gesprächspartner aus Japan lächeln, aber dieser Fortschritt wird von den totalitären Staaten dazu dienen die Menschen auszuspionieren". Wie wahr, nur beim Blick auf die Ostblockstaaten hatte er sich vertan. Zum anschließenden Festessen an 10'er Tischen kam jemand auf die Idee alle sollten sich vorstellen. Mir war nicht wohl dabei, es gab keinen Teilnehmer meiner Runde der über mehrere Großcomputer verfügte. In meiner Vorstellung fügte ich die Bemerkung ein, „was Julius Verne in seinen utopischen Büchern beschrieben hatte ist heute schon realisiert, unsere Phantasie reicht aber nicht aus um das zu beschreiben was in 50 Jahren sein wird". Bei der an das Essen anschließenden zwanglosen Diskussion mit Kaffee und Bier gab es nur Kontakt zu zwei Vertretern von Rüstungsfirmen deren Ausstattung über dem Durchschnitt lag und die Verständnis für die Situation hinter dem Eisernen Vorhang zeigten.

Noch ein Nachsatz zu unserem Exportgeschäft im Irak. Der Handelsrat der DDR- Botschaft in Bagdad war wohl verpflichtet dort anreisende Delegationen zu einem Gespräch mit Whisky und Snacks in seine Dienstwohnung einzuladen. Mit der Bauwesendelegation, unter Leitung eines Abteilungsleiters der Bauakademie, war ich sicher nicht das erste Mal dort. Beim Zuprosten erlaubte er sich die Bemerkung das erste lukrative Bauwesen-Geschäft hat der Genosse Thiel hier gemacht. Er kommt mit einer Aktentasche voll Papier und fährt mit einer Aktentasche voll mit Westmark wieder heim. Die anderen, gemeint war hier der Baumaschinen Exporteur LIMEX, kaufen am Ural Eisenerz, schmelzen es ein, bauen Straßenwalzen, mieten ein Schiff für den Transport und wundern sich wie wir über das bescheidene Geschäft.

Er berichtete danach über seine Absicht am nächsten Tag zu einer wichtigen Besprechung zum Industrieminister zu müssen. Als er dessen Namen nannte, Sheich Ali, bemerkte ich dass ich diesen Namen, aber als stellvertretenden Bauminister, kenne. Dass er diese Funktion vorher ausgeübt habe war ihm bekannt. Er verlangte, dass ich ihn dorthin begleiten müsse. Geschäfte könne man im Irak nur machen wenn jemand dabei sei der bekannt ist. Der Besuch dort fand mit der reibungslosen Überwindung von mindestens zwei mit Kalaschnikows bestückten Doppelposten statt. Die Freude über unser Wiedersehen war groß, der übliche Basra- Tee und eingedampfte

Kaffeeschluck wurde genossen, ob ein Geschäft zustande gekommen war weiß ich nicht mehr.

In dieser Zeit hatte der Ministerrat eine Verordnung erlassen, dass für immaterielle Exporteinnahmen zusätzliche Anerkennungsprämien den Betrieben gewährt werden. Unser normaler Prämienfonds für das ZOD betrug etwa 250.000 Mark Der aus diesem Geschäft gewährte Exportprämienfonds lag aber bei 350.000 Mark. Wir hatten einige Probleme mit der Auszahlung. Diese Verordnung gab es im nächsten Jahr nicht mehr, wir hatten aber auch keine Exporteinnahmen in dieser Größenordnung.

Einige Begebenheiten mit der staatlichen Leitung

Als Mitarbeiter eines volkseigenen Betriebes nimmt man von der existierenden staatlichen Leitung kaum etwas zur Kenntnis. Erst wenn man mit seiner Arbeit an die Öffentlichkeit tritt, kann es Reaktionen derjenigen geben, deren Zuständigkeiten man durch die eigene Arbeit berührt. Mit der Gründung der Deutschen Bauakademie von 1960 als der zentralen Forschungseinrichtung des Bauwesens glaubte man in der Abteilung Bauwesen des ZK der SED, die rationellste Lösung für die Weiterentwicklung des Bauwesens gefunden zu haben.

Die Deutsche Bauakademie hatte auch relativ frühzeitig mit ersten Arbeiten zur Computeranwendung begonnen und sicher mit Zustimmung des Bauministeriums einen ZRA1, also einen Elektronenrechner, angeschafft. Da aber wohl die Resultate dieser Arbeiten zu bescheiden waren, hatte man im Zentralkomitee der SED zum Antrag der Bauakademie für einen Importrechner von IBM beschlossen, für die Forscher nicht noch ein neues „Spielzeug" zu genehmigen. Dies muss wohl die für uns anfangs überraschende Entscheidung gewesen sein, im Berliner Bauwesen zu einem IBM Computer zu kommen.

Meine Arbeiten zur Anwendung der elektronischen Rechentechnik im Bauwesen waren anfangs geduldet, solange es nicht öffentlich bekannt und anerkannt wurde. Bereits mit der ersten erfolgreichen Anwendung der Netzplantechnik zur Qualifizierung des Bauablaufes großer Bauvorhaben des Stadtzentrums von Berlin regten sich die Bauakademieforscher und es kam zur staatlichen Auszeichnung mit dem Banner der Arbeit, obwohl sie dazu kaum etwas beigetragen hatten. Um von den zunehmenden Aktivitäten zur elektronischen Rechentechnik auch in den anderen Bezirken der Republik zu erfahren und diese nach Möglichkeit zu koordinieren, wurden Sektionen der Bauakademie geschaffen. Für uns brachten sie aber nichts, wir waren für die Koordinierung und Anleitung nicht zuständig.

Die in Berlin anstehenden Bauaufgaben, vor allem zum Wohnungsbau, besaßen eine Größenordnung und Brisanz ohne Vergleich zu den anderen Bezirken. Hier waren viele Bedienstete für das Bauwesen zuständig. Es gab eine eigene Kreisleitung Bauwesen der SED, die Bezirksleitung, das Zentralkomitee mit einer gesonderten Abteilung Bauwesen. Der Bezirksbaudirektor war gleichzeitig Stadtrat für Bauwesen, der Oberbürgermeister von Berlin mit dem Magistrat, der Minister für Bauwesen, die Deutsche Bauakademie. Die sich überstürzenden politischen Vorgaben an den Wohnungsbau bewirkten, dass der Bauminister monatlich im Zentralkomitee Rechenschaft über die Planerfüllung ablegen musste und sehr oft auf den vielen Baustellen selbst kontrollierte.

Die DDR besaß eine recht gut entwickelte Büromaschinenindustrie. Das war sicher ein Grund, möglichst lange daran festzuhalten. Der von Zuse erfundene Rechenautomat besaß aber den immensen Vorteil, eine Problemlösung einmal zu entwickeln und unzählige Male, auch in modifizierten Abwandlungen, fast ohne Aufwand zu wiederholen. In meinem Diskussionsbeitrag auf der 12. Plenartagung der Bauakademie im Juni 1965 hatte ich die rasche Abkehr von der Hollerith-Lochkartentechnik angemahnt. Da man erst kurze Zeit vorher die Zentralstelle für

Bürotechnik in Leipzig gegründet hatte, traf dieser Apell auf taube Ohren.

In der Folgezeit konnten die in vielen Betrieben beginnenden Aktivitäten zur Erschließung der elektronischen Rechentechnik kaum wirksam koordiniert werden. Arbeitsgruppen und Arbeitskreise tagten vielfach, doch eine straffe Leitung gab es nicht. Wir hatten den Vorteil, bald über die besten Voraussetzungen technischer Art und mit der IBM über einen mehr als kompetenten Beratungspartner zu verfügen.

Da man sich in der Abteilung Bauwesen des ZK der SED offensichtlich über die Tragweite dieser Entwicklung völlig im Unklaren war, fehlte auch jede politische Einflussnahme auf das Bauministerium. Sehr zu unserem Glück konnten wir damit die bereits beschriebene Entwicklung ohne Störungen durchführen.

Für mich war es andererseits schon seltsam, auf einer später in Markleeberg durchgeführten Automatisierungskonferenz des ZK der SED das Bauwesen vertreten zu müssen. Kompetent dafür wäre eigentlich die zentrale Forschungseinrichtung des Bauwesens, die mit über 2.000 Entwicklungskräften besetzte Deutsche Bauakademie, gewesen.

Der dort folgende Eklat mit dem Bauminister war in dessen Kopf wohl schon bei der Anreise einprogrammiert worden. Bei einem Grundsatzreferat des Bauministers vom April 1973 vor den Absolventen der Bezirksparteischule in Berlin-Köpenick äußerte er sich abfällig über die „Computerspielereien des Genossen Thiel vom Berliner Bauwesen". Darüber hinaus gab es bei jedem der häufigeren Zusammentreffen mit ihm negative Bemerkungen.

Mitte der 80er Jahre später wurde ich zum Ministerium beordert zu einer Zuarbeit für eine Beratungsvorlage des Ministers zur EDV. Der verantwortliche promovierte Abteilungsleiter belehrte mich zu meinen Vorschlägen: „Aufgenommen werden können nur Vorschläge, die vorher mit dem Minister abgestimmt sind." Meine Meinung war also absolut unerwünscht. Selbst ein kleiner Abteilungsleiter im Bauministerium des Irak konnte sich eines Lachanfalls nicht erwehren, als der aus der Bauakademie kommende Abteilungsleiter der Bauwesen-Delegation auf die Frage nach der Funktion der Bauakademie antwortete: „Die Bauakademie ist der Gehirntrust des Bauwesens." Das Kardinalproblem entstand offensichtlich aus dem Unvermögen, die sehr differenziert auftretenden praktischen Probleme so zu verallgemeinern, um effiziente Entwicklungsaufgaben daraus abzuleiten.

Im Berliner Bauwesen trafen sich Kombinats- und Betriebsdirektoren beim Bezirksbaudirekter wöchentlich zu den notwendigen Abstimmungsberatungen. Sowohl die Vorschläge zur Gründung eines gemeinsam aufzubauenden als später auch zu betreibenden Zentrums der elektronischen Rechentechnik fanden hier ihren realen Niederschlag. Dies waren für mich ideale Bedingungen, um die ersten Ergebnisse der Computeranwendungen zu demonstrieren. Die Mitarbeiter des ZOD organisierten die Zusammenarbeit mit den Mitarbeitern der Rechenstellen dieser Betriebe. Da sie selbst damit ungehindert beim ZOD ihre eigenen Anwendungen abwickeln konnten, klappte die Zusammenarbeit hervorragend.

Der ab 1966 in Berlin tätige neue Bezirksbaudirektor erkannte frühzeitig den realen Hintergrund der mittels Computerberechnungen qualitativ zu verbessernden Leitungsentscheidungen. Ihm war es in besonderem Maße zu verdanken, dass wir vor den Querelen anderer geschützt unsere Arbeiten realisieren konnten. Die von der Bauakademie initiierte Ministeranweisung zum Monopol der Bauakademie für Softwareexporte wurde von ihm negiert und ich damit geschützt, um unsere Arbeit im Irak ungestört abwickeln zu können.

Die sich häufenden politischen Vorgaben an den Wohnungsbau bewirkten, dass der Bauminister monatlich im Zentralkomitee Rechenschaft über die Planerfüllung ablegen musste und sehr oft auf den vielen Baustellen selbst kontrollierte.

Und dann kommt dann plötzlich so ein namenloser kleiner Marschierer daher und maßt sich an, schlaue Vorschläge zu machen, wie das zukünftig anders, besser, gemacht werden soll.

Bei einem Grundsatzreferat des Bauministers vom April 1973 vor den Absolventen der Bezirksparteischule in Berlin-Köpenick äußerte er sich abfällig über die „Computerspielereien des Genossen Thiel vom Berliner Bauwesen".

Es ist sicher leicht zu verstehen, wenn der Dienstherr über mehr als eine halbe Million Bauarbeiter mein Freund nicht war. Trotzdem fand ich seine Behandlung durch den kleinsten der Allgewaltigen im Politbüro, einen Kandidaten des Politbüros, beschämend und vielsagend für das Verhältnis zwischen politischer und staatlicher Leitung.

Eingedenk der Unterstützung des Staatssekretärs für Datenverarbeitung bei der Beschaffung eines zweiten Importcomputers lud der Bezirksbaudirektor den Kandidaten des Politbüros der SED, Günter Kleiber, zu einer Vorführung ein. Bei der anschließenden Auswertungs-Beratung saß mir der Bauminister am Tisch gegenüber. Ich saß neben dem Kandidaten. Zum Schluss der Beratung fragte mich der Kandidat: „Genosse Thiel, hast du noch eine Frage an die Minister?" Als ich dies verneinte: „So, dann könnt ihr gehen."

Extratour Irak

Seit 1976 war ROBOTRON bemüht, durch Einbindung von Fach-unternehmen die Chancen zur Vermarktung und den Export seiner Computerprodukte zu verbessern. Erstmalig 1976 beteiligte sich ZOD an einer wiss.-technischen Werbeveranstaltung im Irak. Beim SCC (Spezialprojektant für den Stahlbau) wurde vom mir ein Vortrag gehalten. Da wir dazu wenig Konkretes beitragen konnten, war das Interesse nur mäßig. Teilnehmer ca. 80.

Der Handelsrat unserer Botschaft vermittelte mir einen einstündigen Vortrag im Bauministerium (MOHC) über unsere in Berlin vorliegenden Erfahrungen bei der Computeranwendung. Teilnehmer waren der Minister und ca. 50 Beamte der Leitung von MOHC. Bei einem gemeinsamen Frühstück bedankte sich der dem Kommandorat von Saddam Hussein angehörende Minister. Als Dank für mein Engagement stellte er mir seinen Dienstwagen für eine Visite der Goldenen Moschee zur Verfügung. Bei den Regierungsverhandlungen im April 1979 in Bagdad machte die irakische Seite den Abschluss eines Vertrages über die Lieferung eines Robotron-Computers EC1040 von der Einbindung von Spezialisten des Berliner Bauwesens abhängig. Am 17.04.1979 (Dienstag) wurde ich von Büromaschinen-Export informiert, dass ich nach einer Depesche des DDR-Delegationsleiters Günter Kleiber zu der für den 21. April, Samstag, vorgesehenen Vertragsunterzeichnung in Bagdad sein solle. Dies hatte der irakische Partner MOHC gefordert. Die Mittel für den Vertrag, 4 Mio. DM, waren von der UNO dem Irak bereitgestellt worden. Im Beisein des Stellvertreters des Generaldirektors von ROBOTRON Walter fand am Vortag die erste und einzige Information zu den im Vertragsentwurf für ZOD vorgesehenen Leistungen statt (Vertrag 300 Seiten in Englisch!). Wir sollten für 15 Jahre dem Rechenzentrum von MOHC technische Hilfe bei der Software-Anpassung und -Einführung leisten. Vorgesehen war dafür eine Mio. DM. Mein Einspruch zum Vertragstext, dass es sich max. um 15 **Mann**jahre handeln könne, wurde akzeptiert. Gen. Walter sicherte mir zu, dass der

Gesamtbetrag dem ZOD gutgeschrieben würde, was in den Folgejahren auch eingehalten wurde. Mit dem künftigen Direktor des Rechenzentrums, Mr. Hamid Nakasha, habe ich vor der Vertragsunterzeichnung die Änderung besprochen und ihm meine Unterstützung zugesichert.

Dieser Exportvertrag zu unseren Gunsten beim Außenhandelsunternehmen Büromaschinen-Export Berlin brachte uns ganz entscheidende Vorteile und Möglichkeiten, um internationale Kontakte zu knüpfen und mit noch größerer Eigenständigkeit unsere strategischen Ziele zu verfolgen. Zur Realisierung dieses Vertrages wurden Qualifizierungsmaßnahmen im ZOD in Berlin und im Bauministerium in Bagdad durchgeführt sowie Fachleute des ZOD für 3-4 Jahre in Bagdad eingesetzt. Für mich als zuständigen Direktor des ZOD ergab sich die Notwendigkeit, mindestens einmal jährlich in Bagdad den Arbeitsfortschritt zu kontrollieren und neue Arbeitspläne zu vereinbaren.

Die erste Lokomotive der ab 1903 erbauten Bagdad-Bahn, damals eine ingenieurtechnische Meisterleistung, vor allem deutscher Ingenieure

Der gute Kontakt zu Mr. Nakasha führte auch dazu, den Irak näher kennenzulernen. So gab es bei jedem Aufenthalt eine oder mehrere kulturelle Aktivitäten. Babylon habe ich mindestens dreimal besucht. Wasser ist die

Voraussetzung für jegliches Leben. Die vor rd. 3.000 Jahren am Euphrat errichteten Schöpfwerke waren für die damalige Zeit eine Meisterleistung arabischer Wasserbaukunst und Basis der Errichtung der einstmals weltgrößten Stadt mit ca. 200.000 Einwohnern. Die 1985, in Homs und Hama/Syrien, gesehenen riesigen bis ca. 20 m hohen, hölzernen Schöpfwerke entstammten wohl römischen Wasserbauern und wurden vom fließenden Wasser angetrieben.

Ehemaliges „Wasserwerk" von Babylon

Babylon heute (1983)

Der Löwe von Babylon

Die Prozessionsstraße heute

Das Weltkulturerbe **Babylon**

Bei einem Aufenthalt in Bagdad wurde der Wunsch geäußert, eine Delegation des Bauministeriums zu einem DDR-Besuch in Berlin anzumelden. Da ich in diplomatischen Kreisen wenig bewandert war, habe das, was eigentlich Sache der Botschaft ist, zu vermitteln versucht. Durch meinen persönlichen Kontakt zum stellvertreten Bauminister für

Wissenschaft und Technik sagte dieser einen Empfang der Delegation bei ihm zu. Nachdem niemand anderes da war, habe ich die Delegation unter der Leitung des stellvertretenden Bauministers vom Protokollbereich des Flughafens Schönefeld abgeholt und zum Hotel begleitet. An dem Besuch im Bauministerium habe ich selbst teilgenommen. Als Erstes wurden als Gastgeschenke zwei Wandteppiche auf dem Fußboden ausgebreitet. Einer für den Minister und einer für mich. Zu meinem irakischen Partner, Mr. Nakasha, habe ich anschließend geäußert, die darauf abgebildete syrische Königstochter in Hatra besuchen zu wollen. Gemeinsam mit dem mir gut bekannten Generaldirektor für den industriellen Wohnungsbau haben wir bei meinem nächsten Besuch in Bagdad mit dessen Dienstwagen diese Fahrt in den Norden des Irak unternommen.

Der Besuch von Hatra fand nach Zustimmung der Botschaft am 7. und 8. November 1985 statt. In Berlin waren 6 bis 8° C, im Irak tagsüber 25° C. Die Fahrt ging über die Schnellstraße Nr. 1. An einer relativ großen Raststätte wurde ein Frühstückshalt eingelegt. Dass Mr. Nakasha in der Küche verschwand und Bestecke mitbrachte, fiel mir erst gar nicht auf. Es wurde erst verständlich, als die Insassen eines neu ankommenden modernen Reisebusses, etwa 40 in neue Uniformen gekleidete Kadetten, alle mit einem Offiziersstöckchen unter dem Arm, mir ihrem Essen anfingen. Mr. Nakasha reagierte umgehend auf meinen entsetzten Blick, sie aßen alle ohne Besteck. Er meinte 70 % der Menschen äßen heute noch ohne Besteck. Im Norden wurde die Landschaft welliger. Alles braun, Boden und Bewuchs von stacheligen niedrigen Gewächsen, Nomadenzelte und neue Häuser – auch außerhalb der Dörfer. Gegen 13 Uhr Ankunft im Plattenwerk von Mosul, die Leitung zur Begrüßung ihres Genraldirektors vor dem Haus angetreten. Nach einer Stunde arabischer Konservation Fahrt zur großen Wohnungsbau-Baustelle mit etwa 3.500 Wohnungen. Etwa 500 bis 1.000 im Rohbau fertig, für den noch notwendigen Ausbau fehlt das Geld. Beim Spaziergang durch Mosul kauft Mr. Nakasha von einem Jungen Fladenbrote für sich zum Mitnehmen. Eingeladen ohne

Verpackung im Kofferraum des PKW! Die Herstellung der Fladenbrote auf dem Lande konnten wir bei einer Überlandfahrt kennenlernen. In der Nähe einer Siedlung sahen wir eine Frau an einem in den Boden eingelassenen fassähnlichem Gebilde, das oben an der Öffnung enger war. Der genannte Fladenofen war mit Gestrüpp erhitzt worden. Neben der Öffnung stand eine Schüssel mit einem breiförmigen Teig. Mit nassen Händen formte die Frau große, eierkuchenförmige Fladenbrote und warf diese dann mit einem eleganten Schwung an die erhitzte Wand des Ofens. Dort blieb es haften und wurde nach der nicht erkennbaren Backzeit herausgenommen. Die Frau reichte uns je eines der frischen Fladenbrote.

Hatra, die Ruinenstadt der ehemaligen Hauptstadt eines mesopotamischen Kleinfürstentums aus dem 1. Jhdt. n. Chr.

Hatra wurde im März 2015 vom IS zerstört.

Laut Mr. Nakasha gab es im Irak Überlieferungen, wonach die syrische Königstochter seinerzeit ihrem Geliebten, einem der die Stadt belagernden Heerführer, den Schlüssel für eine Nebenpforte zugesteckt haben soll und damit die Erstürmung der stark befestigten Stadt ermöglicht hat.

Hatra

Der Wandteppich

Das Original

Übernachtung in Mosul

Bagdad

Der Tigris in Bagdad

Frische Fische für den Grill

Infolge der relativ niedrigen Bebauung hat Bagdad riesige Ausmaße. Unmittelbar an den Stadtkern anschließend beginnt am Ufer des Tigris auf der Südseite ein Naherholungsbereich. Gegen 17 Uhr beginnt dort ein reges Treiben. Mein Interesse, den am offenen Feuer gegrillten Maskuv, einen im Tigris lebenden Fisch, zu essen, war schon groß.

Wenig bekömmlich für Nichteinheimische ist aber wohl, das dazu gereichte meist rohe, wie der rohe Fisch mit einem undefinierbaren Wasserschlauch abgespülte Gemüse zu genießen. Mein Partner, Mr. Nakasha, wusste, woher das Spülwasser kam, und versprach, unter einwandfreien hygienischen Bedingungen den Fisch von seiner Frau zu Hause servieren zu lassen.

Nach Einholung der dazu erforderlichen Zustimmung seitens der Botschaft wurde dies auch bald realisiert. Im Elektroherd frisch gegrillt und mit sehr schmackhaftem Rosinenreis war dies ein exzellentes Menü. Zum Nachtisch bat Mr. Nakasha die Gäste in einen an die Küche angrenzenden Innenhof, um die zum Nachtisch vorgesehenen Bananen von dem dort angepflanzten etwa 5 m hohen Bananenbaum selbst zu ernten. Das neue Einfamilienhaus war an der Grundstücksgrenze von einer ca. 3 m hohen massiven Mauer umgeben.

Der Besuch dieses dem Diktator Hussein gewidmeten Monuments,

etwas außerhalb von Bagdad, war schon sehr interessant. Mr. Nakasha musste schon weit außerhalb, beim Bezahlen des Eintritts, hier habe ich das Foto gemacht, seine Pistole hinterlegen. Die etwa 30 m hohen Betonschalen sind mit grünem Kleinmosaik belegt. Das eigentliche Museum befindet sich auf zwei Geschossen unter der Erde. Es beherbergte Vortragsräume, Bücherei, Restaurant und jede Menge Ausstellungstafeln über das Leben und Wirken des Diktators.

Samarra

Ein Besuch des 52 m hohen Spiral-minaretts von Samara, erbaut im 9. Jhdt. ca. 70 km nördlich von Bagdad.

Mr. Nakasha ging nach oben nur am innersten Bereich des Ganges, dort war der Ziegel-Belag bereits ca. 10 cm tief ausgetreten! Auf der jetzt freien Fläche befand sich bis zur Zerstörung **888** die weltgrößte Moschee.

Der Süden des Irak

Die Fahrt zu den Marshes, den legendären Sümpfen des Irak, habe

ich mit den ZOD-Mitarbeitern Jürgen Fahlbusch und Gerhard Niehof unternommen.

Begleiterscheinung unserer Fahrt waren die Panzertransporte durch private Tieflader-unternehmen zur Iran-Front des zu dieser Zeit andauernden Krieges. Ein zur Unterkunft genutztes Hotel war komplett mit Teppichen an Wänden und Fußböden ausgekleidet. Da dies anscheinend noch von den Engländern aus der Kolonial-zeit stammte, war ein penetran-ter Staubgeruch allgegenwär-tig.

In Basra wurden wir von ei-nem leitenden Mitarbeiter des Generaldirektors für den in-dustriellen Wohnungsbau empfangen und betreut. Dies machte er so engagiert und herzlich, dass wir gar keine Gelegenheit hatten, das bei der Begrüßung spontan über-reichte fürchterlich farbige Eis

in der Tüte ablehnen zu können. In Bagdad haben wir aus Angst vor Salmonellen keinesfalls so etwas zu uns genommen.

Der im Krieg mit dem Iran völlig blockierte Hafen von Basra
im Shatt al Arab

Am nächsten Tag wurde das an der Hauptstraße nach Kuweit gelegene Vorfertigungswerk für den Wohnungsbau besichtigt und mit der Leitung über die computergestützte Logistik diskutiert, wie sie in Bagdad eingeführt wird. Die Ausrüstung stammte dort, wie in Bagdad, aus Frankreich und war im Verhältnis zu der in der DDR genutzten Technik recht primitiv. Als Bonbon zeigt man uns die in einem massiven Schuppen untergebrachte vollautomatische französische Rundeisen-Biegemaschine. Ihren Bedarf konnte man uns aber nicht erklären.

Für die Rückfahrt nach Bagdad nutzten wir eine Route, die direkt durch die Sümpfe führte. Die wohl einzige nicht befestigte Straße war etwa einen Meter über dem Wasserspiegel angelegt und erlaubte an vielen Stellen, die im Sumpf schwimmenden Häuser und Hütten zu sehen.

Wieder auf normalem Boden begegnete uns ein Nomade auf dem Weg in ein anderes Quartier. Der einzige männliche Teilnehmer der kleinen Karawane saß mit einer Kalaschnikow bewaffnet auf einem wunderschönen Araberpferd. Die Bagage befand sich auf mehreren Eseln, die von etwa 10 Frauen geführt wurden.

Es gab dann noch ein nicht alltägliches Erlebnis, als der Himmel sich verdunkelte und ein wohl viele Hundert Störche umfassender Schwarm dieser wunderschönen Vögel in vielleicht 200 Metern Höhe rauschend über uns hinwegflog.

Den Abschluss der erlebnisreichen Reise bildete ein Besuch des Zusammenflusses von Tigris und Euphrat. Mein Mitarbeiter Jürgen Fahlbusch wollte mit der dort stationierten Besatzung einer Vierlings-Flak eine Fachdiskussion führen, was diese aber ignorierte.

Nicht alles wurde zu diesem Geschäft im Irak realisiert. So sah der Vertrag über die Lieferung eines EC 1040 durch ROBOTRON auch die Qualifizierung von Spezialisten und das Management in der DDR vor. Dazu verfügte ROBOTRON über ein in Leipzig angesiedeltes Schulungszentrum. Bei einer unserer Beratungen mit Mr. Nakasha in Bagdad wollte ich wissen, was er schon von der DDR gesehen hat. Seine Antwort war: Buchenwald. Als Christ und Mitglied des Baath-Partei von Hussein hatte er mir vor längerer Zeit das in deutscher Sprache gedruckte Programm dieser Partei gezeigt und mich auf die entsprechende Stelle verwiesen, wo stand: „die Partei wird nicht eher ruhen, bis alle Juden in das Mittelmeer getrieben sind". Meine Bemühungen, von ihm zu erfahren, was er in Buchenwald gesehen hat, waren eigentlich erfolglos, er hat die Frage so gut wie nicht beantwortet. Ich habe ihm daraufhin vorgeschlagen, ihm meine zweite Heimat, Thüringen, zu zeigen, womit er freudig einverstanden war. Fast am Ende eines dreimonatigen Lehrgangs in Leipzig hatte ich mit dem dortigen Direktor vereinbart, Mr. Nakasha für einige Tage abzuholen. Er gab sich noch die Ehre, uns zu einer Tasse Kaffee einzuladen, was bei meinem Gast nur lächelnd zur Kenntnis genommen wurde. Da ich das Auto selbst fuhr, waren wir tatsächlich auf uns allein gestellt. Die Reisestationen waren

Rudolstadt, Jena, Oberhof, Eisenach, Friedrichroda und Weimar. In Oberhof hatte er schon vor dem Frühstück die Bobbahn in Augenschein genommen. Die Gelegenheit, in Friedrichroda am Abendessen bei der Familie meiner Schwester teilnehmen zu dürfen, hat ihn sehr beeindruckt. Es war für ihn fast nicht zu verstehen, was Goethe in seinem Weimarer Museum alles hinterlassen hat. Wir haben gegenseitig nicht aufgerechnet, wer was dem Geschäftspartner geboten hat, das Vertrauensverhältnis war aber die wesentliche Grundlage für unseren Geschäftserfolg.

Meine Kenntnisse der englischen Sprache waren für Vertragsformulierungen völlig unzureichend. Mr. Nakasha hatte in England Elektrotechnik studiert, sprach sehr gut Englisch, war immer hilfsbereit, wenn es manchmal Probleme gab, sodass wir ohne Mühe die Konversation bewältigten konnten.

Während des Krieges mit dem Iran mussten zeitweise diese Überlandbusse von Damaskus aus benutzt werden.

Mein Verhältnis zur SED und Stasi

1949 zum Beginn des Studiums an der Fachschule für Bauwesen in Gotha gab es noch eine Menge Älterer, die einen Studienplatz suchten. So war es kein Geheimnis, dass einige in die SED eingetreten waren, um einen Studienplatz zu bekommen. Jedes Semester hatte einen FDJ- und einen Semester-Parteisekretär. Letzterer hatte offensichtlich den Auftrag erhalten, mich zum Eintritt in die SED zu werben. Ich hatte schon einiges in dem zwölfseitigen Antragsformular ausgefüllt, als wir als Baustudenten zum zweiwöchigen Arbeitseinsatz am Stadion in der Cantianstraße in Berlin beordert wurden. Zu dieser Zeit konnte man noch ohne Schwierigkeiten nach Westberlin gelangen. Wir waren zu Erdarbeiten an den Wällen für die Sportanlagen und Tribünen eingesetzt. Der Semester-Parteisekretär fungierte als Brigadier, teilte die Arbeit ein und bestätigte dem aus Nordhausen dorthin delegierten privaten Fuhrunternehmer die von ihm erbrachten Fuhrleistungen. Zum Frühstück ließ es sich der Unternehmer nicht nehmen, unsere Brigade, alle in blauen FDJ-Hemden, zum direkt daneben liegenden S-Bahnhof Eberswalder Straße auf seine Kosten einzuladen. Das scheinbar nebensächliche Problem bestand nur darin, dass der Bahnhof in Westberlin gelegen war. Eingedenk des in Gotha verbliebenen Aufnahmeantrags zur SED nutzte ich diese vom Parteisekretär unmögliche Handlungsweise und stellte ihn auf der Baustelle vor der gesamten Brigade zur Rede. Ich warf ihm vor, selbst zu faul zu sein und dem Fuhrunternehmer Leistungen zu bestätigen, die dieser nie ausgeführt hatte, deshalb das exzellente Frühstück in Westberlin. Wir schliefen auf Metallbetten in einem großen überdachten Stall des Berliner Zentralviehhofes in Lichtenberg.

Nach der Rückkehr zum Studium in Gotha habe ich dem Parteisekretär den von mir zerrissenen Aufnahmeantrag überreicht. In Gotha hat mich danach niemand mehr aufgefordert, der Partei beizutreten.

Mit der Übernahme von leitenden Funktionen bei der EDV- Anwendung stellte ich mir natürlich die Frage, ob ich das alles ohne Parteizugehörigkeit realisieren konnte. Bis zu einem begrenzten Umfang sicher schon. Es wurde mir aber schon klar, dass ich damit den Zugang zu den wirklich leitenden

Parteifunktionärsämtern ausschloss. Mit der Gewissheit, die weitere Entwicklung der EDV-Anwendung im Berliner Bauwesen beeinflussen zu können, hatte ich mich im Mai 1966 entschlossen, der SED beizutreten. Meine ganz persönliche Devise lautete von jeher, auch mit Leuten zu sprechen, die mir die Pest an den Hals wünschten. Die Meinung eines stellvertretenden SED-Kreissekretärs für Agitation und Propaganda lautete: „Die Intelligenz ist der Schmarotzer im gesicherten Schoß der Partei." Welche Meinung ich über ihn hatte, habe ich tunlichst für mich behalten. Im Unterbewusstsein hatten die Erzählungen meiner sibirischen Tante wohl ihre Spuren hinterlassen.

Den unmittelbaren Kontakt mit einem Kandidaten des Politbüros hätte es ohne SED-Mitgliedschaft nie gegeben. Auch die Meinung des Ministers für Bauwesen hätte ich außerhalb der Bezirksparteischule nicht erfahren. Diesen Drei-Monate-Lehrgang hatte ich erst nach einigen Mahnungen bei unserem ZOD-Parteisekretär und dieser wiederum bei der SED-Kreisleitung erhalten. Ich wollte es selbst erfahren, worum es dort ging. Wer Gorbatschows Biografie liest, wird es von ihm nicht erfahren. Er hat dieses Thema geschickt umschifft. Mein Gefühl war, dass es dort um überhaupt nichts Konkretes ging, sondern dass das Ziel dieser Qualifizierung in den Kursen allein darin lag, aus den laufenden Problemdiskussionen die absolute Linientreue zur Parteiobrigkeit bestätigt zu bekommen. Dass man das bei den Parteischulen des ZK oder gar bei der KPdSU in Moskau noch mit viel mehr Intensität verfolgte, wurde mir bereits aus den Gesprächen mit Betroffenen klar. Über die Einzelheiten der Wirkungsweise der Parteioligarchie wird bei uns geschwiegen, Gorbatschows Biografie ist voll davon.

Erst als Gorbatschow in Kanada erfahren konnte, dass nur mit einer modernen Wirtschaftslenkung der Grundstein für den Wohlstand der Menschen geschaffen werden kann und nicht mit Phrasen von einem für jeden erreichbaren sozialistischen Überfluss, kam er zur PERESTROIKA.

Mein unmittelbares Zusammentreffen mit Gorbatschow verdanke ich unserem ZOD-Parteisekretär. Es war wohl die brenzlige politische Situation vor der Festveranstaltung zum 40. Jahrestag der Republik, die ihn veranlasste, mir die für ihn von der SED-Kreisleitung erhaltene Einladung mit der Bemerkung zu übergeben: „Du möchtest sicher deine Frau mitnehmen."

Zur Stasi

Diese allgemeine Position war es wohl auch, die mich vor jeder Scheu vor der Stasi bewahrte. Ich hatte nie die Absicht, die DDR illegal zu verlassen. Dieses Stasi-Paradegebiet war Mielkes humanitäre Alternative zur KGB-Tätigkeit der UdSSR bei der Liquidierung der Bourgeoisie unter Lenin und Stalin.

Mein erster konkreter Kontakt zur Stasi mit dem Ziel, mich für eine direkte Mitwirkung zu gewinnen, gab es noch in den 60er-Jahren. Es entsprach exakt einer der im Internet nachlesbaren Varianten, die jemand im MfS den Mitarbeitern vorgegeben hatte. Hier so viel: Nach einer am Abend in der Privatwohnung erhaltenen Aufforderung, in einer Stunde in einer Stasidienststelle am Hausvogteiplatz zu erscheinen, hatte ich einem meiner Mitarbeiter einen angeblich wichtigen Auftrag zu erteilen. Er sollte damit keine Möglichkeit haben, von dem bereits erhaltenen Reisevisum zum Geburtstag seines Vaters Gebrauch machen zu können. In die Auftragserteilung sollte der Parteisekretär einbezogen werden. Im später stattgefundenen Gespräch zum Ergebnis der Aktion gab es meine Bemerkung, den Mitarbeiter, der fälschlicherweise aus Versehen den Reisepass übergeben hatte, sollten sie entlassen, mich würde man mit einem derart blödsinnigen Vorgang nie mehr belästigen können. Im ZOD konnte sicher niemand tätig werden, dessen Kaderakte nicht von der Stasi begutachtet worden war. Ich konnte dem Kaderleiter aber keinen anderslautenden Auftrag geben. Dass hier auch andere Gesichtspunkte eine Rolle spielen mussten, war für mich daraus erkennbar, dass z. B. der Sohn eines Kirchenpräsidenten von Berlin einen Arbeitsplatz im ZOD erhalten sollte. Dazu rief mich ein Vertreter eines anderen Ministeriums an. Meine Reaktion war: „Wenn er etwas kann, ist er uns willkommen."

Über meinen indirekten ersten Kontakt mit der Stasi auf der Großbaustelle Schwarze Pumpe hatte ich schon berichtet. Neben vielen Zufälligkeiten in meinem Berufsleben war dies sicher ein Kontakt mit dem positiven Nebeneffekt, eine Arbeitsstelle in Berlin zu finden, aber ohne Stasi.

Der nachfolgende Brief soll meine letzte Äußerung zum Thema Stasi sein. Nachdem ich ihn zum Briefkasten gebracht hatte, musste ich einen Herzinfarkt behandeln lassen. Ich habe dies gut überstanden, möchte mich mit diesem unerfreulichen Thema aber möglichst nie mehr befassen.

Friedrichroda, 28. Juli 2015
Hallo Katrin,
Du hast am Sonntag am Telefon gesagt, Du seist 51 Jahre alt und wegen der Stasi-Vergangenheit Deiner Mutter von ihrem Tod kaum berührt.

Da wir uns mit Deinen Eltern fast ein halbes Jahrhundert kannten und Dein Vater eigentlich der einzige und letzte Freund meines Lebens ist, fühle ich mich schon verpflichtet, Dir zu dem Dich so bewegenden Anlass meine ganz persönliche Meinung mitzuteilen.

Mich berührt die erst durch Dich erfahrene Stasi-Vergangenheit Deiner Mutter überhaupt nicht.

Dies unmissverständlich im Detail zu begründen, würde den Rahmen dieses Briefes weit übersteigen, aber einige Fakten dazu. Bereits mit 9 Jahren hat meine in Irkutsk geborene Tante mir davon erzählt, wie sie im Winter die Milch nicht in einer Kanne, sondern als gefrorenes Stück Milch am Holzpflock eingekauft hat. Aber sie erzählte auch davon, wie sie zur Sozialistischen Oktoberrevolution 1917 ihre vom Tode bedrohten Eltern als zur Krankenschwester dienstverpflichtete Medizinstudentin dick verbunden mit Krankentransporten nach Deutschland in die Freiheit brachte. Ihr Verbrechen hatte darin bestanden, dass der Vater als promovierter deutscher Zahnarzt von Lenins

Bolschewiki zur Intelligenz-Opposition gebrandmarkt und damit zur permanent existierenden Gefahr wurde. Hätten die deutschen Lehrlinge des KGB alles noch wörtlicher übernommen und wäre nicht der objektiv existierende deutsche Westen gewesen, hätte es auch bei uns Unmassen von Hingerichteten oder nach Sibirien Verbannten gegeben. Dies soll aber nicht als Wertschätzung für die Stasi gelten. Es war nach den Erzählungen meiner Tante aber sicher im Unterbewusstsein meine Einstellung gegenüber der SED und ihren Einrichtungen.

Aus meinen 40-jährigen Erfahrungen in Berlin ist es meine Erkenntnis, dass die Stasi zuallererst dazu diente, die Macht und Alleinherrschaft der Parteioberen, also der Politbüromitglieder, zu gewährleisten. Neben den von Mielke mit besonderer Aufmerksamkeit bedachten Aktivitäten zur Verhinderung von Republikflucht spielte die Kontrolle über die Intelligenz – und damit die Schriftstellerei – naturgemäß eine vorrangige Rolle. Da Deine Stiefmutter an dieser Schaltstelle beschäftigt war, ist es für mich fast selbstverständlich, dass sie der besonderen Aufmerksamkeit und Behandlung sicher sein musste. Im Internet fand ich rasch viele Hinweise, welche Methoden eingesetzt wurden, um vor allem die Parteigenossen zur willfährigen Mitarbeit zu gewinnen, ja zu zwingen. An erster Stelle stand hier die Sicherung des Friedens usw. Von mir aus gibt es somit überhaupt keinen Grund, etwa anzunehmen und wissen zu wollen, ob Deine Stiefmutter aus unserem sehr persönlichen Umgang irgendwelche Informationen an die Stasi weitergegeben hat. Für mich sind alle Informanten nur bewusst ausgenutzte Vasallen des Parteiregimes gewesen und eigentlich zu bedauern.

Die Schuldigen sind für mich einzig und allein die Parteibonzen, die das System „Stasi" zu ihrem Machterhalt etablierten und unzählige an sich unbescholtene Menschen für ihre perfiden Machenschaften missbrauchten.

Bei meiner Tätigkeit im Berliner Bauwesen hatte ich vielfache Gelegenheit, obere Partei- und Wirtschaftskader persönlich kennenzulernen und auch im privaten Umgang miteinander zu erleben. Sie selbst haben nach der Wende im Fernsehen offenbart, dass selbst der private

Umgang untereinander nicht zulässig war. Wenn man als Außenstehender besser erfahren möchte, was der herrschenden Schicht an Intelligenz fehlte, braucht man nur Gorbatschows „Alles zu seiner Zeit" zu lesen.

Ich möchte diese meine Position auch bei dem noch möglichen Kontakt mit Deinem Papa beibehalten. Durch die Auffrischung von Erinnerungen an unsere in vielen Fällen einmalige gemeinsame Vergangenheit möchte ich versuchen ihm zu helfen diese für ihn so schwierige Zeit zu bewältigen.

Ich wünsche Dir Erfolg bei der Recherche nach Deinen wirklichen Eltern. Vielleicht haben wir Gelegenheit zu einem persönlichen Gespräch über unsere besonderen Beziehungen aus der für uns trotz alledem schönen DDR-Zeit.

Alles Gute für Dich und Deinen Papa. Herzliche Grüße aus Thüringen.

Zusammenarbeit im RGW

Die erste Dienstreise mit dem Thema Computeranwendung in der Projektierung führte mich im Herbst 1964 mit einer Delegation des Bauministeriums nach Moskau, Leningrad und Kiew. Die Erkenntnisse und das Resultat waren sehr bescheiden. Überall wurde ein wenig herumlaboriert, es gab keine einheitliche Linie, die rechentechnische Basis war bescheiden.

Im Rahmen des globalen Abkommens zur Entwicklung eigener Computer im RGW war ich von Anbeginn als Mitglied der Ständigen Arbeitsgruppe Rechentechnik im Bauwesen beteiligt.

Unter Federführung des Ministeriums für Bauwesen waren darin insbesondere Mitarbeiter der Bauakademie vertreten. Die Beratungen fanden im Allgemeinen halbjährlich in den verschiedenen Mitgliedsländern statt, die Verhandlungssprache war Russisch, die Arbeitsergebnisse waren in russischer Sprache zu liefern. Gegenstand der Kommission des Bauwesens waren ausschließlich Software, Organisationslösungen und Anwendungserfahrungen.

Zurückblickend muss ich feststellen, dass wir daraus kaum neue Anregungen erhielten. In den meisten Fällen konnten wir über die mit unserem Softwarepool schon vorliegenden Ergebnisse berichten. Die anderen wollten von uns immer Neues erfahren.

Obwohl alle Arbeitsergebnisse in russischer Sprache vorgelegt wurden, hat man zu keinem Zeitpunkt erlebt, dass irgendjemand etwas davon verwendet hat. Es war eben auch in der großen UdSSR von der Parteiebene verpönt.

Über die Partnerschaftsbeziehungen zwischen Berlin und Moskau fanden jährliche Erfahrungsaustausche mit unserem Partner ASUS (Automatisiertes Leitungssystem) Moskau statt.

Für uns ergaben sich aus der engen Zusammenarbeit mit IPS Prag (Ingenieurbau Kombinat) und EGZI Budapest (Ökonomisches Forschungsinstitut des Bauwesens) vor allem große Vorteile in der Urlaubsgestaltung. Beide Unternehmen waren so groß, dass unser Ferienplatzangebot an der Ostsee und im Thüringer Wald, ständig voll ausgenutzt wurde. Allein die 16 Campingwagen-Ferienplätze auf der Insel Rügen ergaben in den 5 Sommermonaten über 100 zweiwöchige Ferienreisen für unsere Mitarbeiter. Beide Betriebe verfügten über sehr gut ausgestattete Ferienobjekte in der gesamten CSR und in Ungarn, vor allem am Balaton. Da wir die Mitarbeiter gegenseitig mit Zahlungsmitteln ausstatteten, konnten wir schon ideale Urlaubsbedingungen zur Verfügung stellen.

Bei einer Dienstreise nach Moskau zum Abschluss einer Vereinbarung über die Zusammenarbeit auf dem Gebiet der Einführung automatisierter Systeme bei der Leitung des Bauwesens der sozialistischen Großstädte Moskau und Berlin hatte ich selbst einen Einblick in das von Gorbatschow angeprangerte System uneffektiver Verwaltungsstrukturen im Sowjetstaat. Als Direktor des Ökonomischen Instituts des Moskauer Bauwesens fungierte ein ca. 60 Jahre alter, mit vielen Orden behängter, ehemaliger Offizier des Zweiten Weltkrieges. Zu den in den Beratungen aufgetretenen Fachproblemen z. B. der Preisbildung im Bauwesen, vorgetragen von unserem Delegationsleiter, Prof. Dr. Krehl, Direktor des Instituts für Ökonomie der Bauakademie, wurde ein Spezialist zurate gezogen und nach der Beantwortung abrupt wieder zurück an seinen Arbeitsplatz geschickt. In bleibender Erinnerung ist mir diese Dienstreise vor allem wegen der grandiosen Abschiedsfeier im Restaurant Arbat mit mehr als einer Flasche Wodka je Teilnehmer und dem einzigen verpassten „Check-in" meines Lebens.

Die internationale Zusammenarbeit auf der Basis ähnlicher Computerausstattung

Durch die Vermittlung von BME - Büromaschinen Export entwickelte sich mit dem Industriebaukombinat IPS in Prag, mit seinen ca. 5.000 Beschäftigten, und dem ökonomischen Forschungsinstitut EGZI in Budapest eine langjährige und für die Urlaubsgestaltung der Mitarbeiter sehr lukrative Zusammenarbeit. EGZI hatte etwa 2.000 Mitarbeiter.

Grußansprache zum 30. Jahrestag von IPS Prag, Dolmetscher Dr. Hrasche

ZOD betrieb jeweils im Sommer auf Rügen einen eigenen Campingplatz mit 16 Bastei-Campingwagen, deren Nutzung sich bei unseren Partner-Mitarbeitern sehr großer Beliebtheit erfreute. Darüber hinaus verfügten wir mit einem von ZOD für das Berliner Bauwesen errichteten großen Ferienheim in Masserberg im Thüringer Wald über ein ganzjährig nutzbares Ferienplatz-Angebot. Im Austausch dazu standen unseren Mitarbeitern preiswerte Ferienplätze in den schönsten Gebieten der CSSR und am Balaton zur Verfügung.

Unsere Europa-Exkursionen

Von 2001 bis 2006 mit dem Wohnwagen über 39.000 km Europa in Augenschein genommen.
2001 zur Probe zum Comersee und Lago Maggiore
2003 zum Nordkap
2005 auf Goethes Spuren nach Italien
2006 nach England, Schottland und Irland

AUDI A6 – Quattro – 179 PS
Wohnwagen: 2 Betten + Zusatzplatz + Küche + Dusche + WC

        Gespannlänge 11,45 m
        Gespanngewicht bis 3.300 kg

Die Jungfernfahrt 2001 zum Lago Maggiore

Die Reiseempfehlung des ADAC enthielt den Hinweis für die Route durch die Schweiz „für Wohnwagen nicht empfehlenswert".
Was nicht empfohlen wird, kann auch nicht verboten sein. Also durch. An der Grenze ein Schild mit einem Anhänger darauf! Die Fahrt durch das Engadin schön, kaum Verkehr. In St. Moritz ohne Halt weiter. Am Malojapass (1.815 m ü. N. N.) nichts zu sehen, die Straße führt in den Abgrund. Die Spitzkehren sind nur an den Außenkurven befahrbar, innen würden wir umkippen. Die wenigen anderen Autos machen uns viel Platz, damit wir die ganze Straßenbreite für uns haben. Es hat alles gut geklappt.

Die Fahrt zur Mitsommernacht 2003

In 34 Tagen 8.651 km gefahren, plus 400 km auf Fähren zurückgelegt.

Bei Bognes, hier endet die E6, weiter geht es nach Narvik nur mit der Fähre.

Eine der noch intakten Stabkirchen von Norwegen. 800 Jahre alt, am Moldefjord.

Tagelang nur herrliche Gegend, ohne Menschen

Nördlich von Hammerfest um 0:30 Uhr

Laut ADAC ist hier, hinter Hammerfest am Eismeer, der beste Blick auf die Mitternachtssonne. In dieser Bucht standen noch zwei Wohnmobile. Erst nach einiger Zeit konnten wir uns ins Bett begeben. Gut, dass wir das hier erledigt hatten, am Nordkap war viel Nebel.

*Am
Nordkap
ist es ca.
1:00 Uhr
nachts!*

Durch Finnland heimwärts

Die Rückfahrt führte uns über Finnland nach Schweden.
Wir wollten auf jeden Fall Schloss Gripsholm besuchen.

Diesen von Kurt Tucholski berühmtgemachten Ort wollte ich schon 1968 bei
einer Dienstreise nach Stockholm besichtigen. Diesmal gab es keine Hindernisse.

Nur auf meine Frage an einen Wohnmobilfahrer aus der BRD,
„Wo finde ich das Grab von Tucholski?" kam die Gegenfrage:
„Wer ist Tucholski?" Auf der Rückfahrt haben wir noch auf Öland,
dem Sommersitz des schwedischen Königs, eine Pause eingelegt.

Auf den Spuren von Goethe in Italien 2005

Italienische Reise, das Reisetagebuch Goethes, war die Vorlage für unsere Reiseroute. Statt 20 Monaten hatten wir nur einen Zeit dafür.
Vom 26.03. bis 26.04.2005.
Gefahren: 6.147 Km

Zuerst holten wir uns den Segen von Johannes, es war sein letzter.

Zu den bemerkenswertesten Reiseerlebnissen zählte, dass Goethes Einschätzung zu den Zuständen in und um Neapel noch nach über 220 Jahren aktuell schien. Zwischenstation wurde auf dem direkt an den Sehenswürdigkeiten von Pompeji grenzenden Campingplatz gemacht.
Von hier aus konnte man auch bequem mit der Bahn nach Sorrent und von da mit dem Schiff nach Capri kommen.

Messina

Die Schiffspassage nach Sizilien war eines der großen Abenteuer von Goethe.
Für uns natürlich nicht.

Die Landung in Palermo fand Goethe bemerkenswert.
Unsere Durchfahrt war es auch wegen des chaotischen Verkehrs und der Karambolage mit einem Motorradfahrer, sie brachte uns eine 3 m lange Schramme am Wohnwagen ein.

Dort hinten an der Nordwest-Spitze von Sizilien war unser Campingplatz

England, Schottland und Irland

Vom 20.05. bis 14.06.2006.

Gefahren: 5.160 km + 560 km auf Fähren.

Überfahrt von Rotterdam nach Harwich.

Linksverkehr ohne Probleme.

In England den obligatorischen Kreisverkehr bis zur Klärung der Weiterfahrt genutzt.

In der Mitte von England nordwärts bis Edinburgh.

Über Glasgow und eine Fähre nach Belfast.

Von Dublin quer durch Irland an die Westküste.

Natürlich haben wir auch den Ring of Kerry umrundet.

An der südwestlichen Landspitze gab es den schönen Campingplatz von Bantry.

Rückfahrt Richtung Wales. Die Durchfahrt durch London am Tag des Weltmeisterschafts-Spieles von Deutschland und England, damit keine Verkehrsprobleme. Mit der Schnell-Fähre wieder nach Rotterdam.

Bantry Bay, freier Blick bis Amerika
Um diesen Standplatz wurden wir beneidet, ja, wer früh kommt, für den gibt es die
besten Plätze!

Ein jüngeres Paar aus England mit einem schicken kleinen Wohn-wa-gen stand bald hinter uns. Die Konversation klappte. Nicht die mit ei-nem älteren Paar aus Stuttgart, 50 m hinter uns. Denen war wohl die Zeit vor der Wende lieber, da konnten die OSSIS keine Standplätze belegen

Resümee

2016

78 Jahre nach den hier festgehaltenen ersten bemerkenswerten Erlebnissen möchte ich versuchen zu resümieren, wie mein Leben eigentlich wirklich verlaufen ist, was Illusion war und was ich durch mein eigenes Wirken maßgeblich bewusst beeinflusst habe. Man kann als Individuum seinen Weg gehen, ohne auf die zeitlich oft sehr widersprüchlichen äußeren Umstände und Vorgaben zu reagieren. Aus meiner Erfahrung gehören dazu auch Glück und eine Menge Sturheit, sich von anderen nicht beeinflussen zu lassen.

Geprägt wurde mein Berufsleben mit Sicherheit auch durch die bescheidenen Verhältnisse meiner Kindheit und Jugendzeit. Beginnend mit dem Ende des 2. Weltkrieges kann ich konstatieren: Ich war nichts, ich hatte nichts, ich musste zusehen, wie ich durch das Leben kam.

Die am Beginn meines Lebens übermittelten Erlebnisse meiner sibirischen Tante haben wohl den entscheidenden Anteil daran gehabt, die politische Situation in der DDR nach meinen eigenen Maßstäben zu beurteilen und zu handeln. Ich habe fast immer mein eigenes Konzept dafür gehabt, was ich mit der SED bewirken kann, und nicht das gemacht, was die Genossen von mir wollten. Dazu gehörte auch die Stasi! Dass meine Tätigkeit als Betriebsdirektor eines volkseigenen Betriebes den besonderen Schutz durch meinen vorgesetzten Bezirksbaudirektor genoss, entsprang aber wohl seiner Weitsicht. Lange vor Gorbatschow hatte er erkannt, dass das, was ich da machte und ihm vorschlug, keine Hirngespinste waren. Anders der Minister für Bauwesen Wolfgang Junker, der in seinem Grundsatzreferat vor den Absolventen der Bezirksparteischule in Berlin-Köpenick von Spinnereien der Rechentechnik sprach.

Ich kann feststellen, dass sich mein Handeln ohne Rücksicht auf materielle Vorteile für mich positiv ausgewirkt hat. Den guten Ratschlägen vieler, doch endlich im Westen zu bleiben, bin ich noch nicht einmal in Gedanken gefolgt. Ich habe mit meiner Arbeit in der DDR etwas gemacht, wozu ich in der BRD keine Gelegenheit gehabt hätte. Man hatte es ja nicht nötig, besondere Aktivitäten zu entfalten. Man konnte in Ruhe darauf warten, bis die Amerikaner etwas auf den Markt brachten, dann konnte man immer noch etwas unternehmen.

Heute, 2016, und wohl schon einige Zeit vorher, werden im Internet Kurse zu CAD, Computer-aided Design, angeboten. Diese Möglichkeit, mithilfe des Computers Baupläne und Konstruktionsunterlagen herzustellen, war meine Idee schon 1969. In Zusammenarbeit mit IBM wurden dazu Recherchen angestellt und mit teilweise einfacherer Hardware mit Testarbeiten und Anfangslösungen begonnen. Die 1989 vom Rechenzentrum von ZÜBLIN, RIB Stuttgart, erworbene Komplettlösung, RIBCON, kam für generelle Anwendungen natürlich zu spät.

Als wesentlicher Bestandteil der ingenieurtechnischen Ausbildung zum Bauingenieur gehörte, das Augenmerk der Tätigkeit auf das zu lenken, was der Rationalisierung von Arbeitsabläufen diente. Mit dem Wissen aus dem ersten Programmierkurs von 1962 war ich danach damit beschäftigt, diejenigen Aufgaben herauszufinden, die für die einige Besonderheiten aufweisende Bauproduktion bedeutsam waren. Die ständig wechselnden Standorte, die z. T. immensen Materialaufwendungen, das Wetter, die Qualifikation der Arbeitskräfte und auch die oft sehr differenzierten Terminvorgaben waren hier zu beachten.

Mich haben besonders die Aufgaben interessiert, für die ständig sehr oft zu wiederholende Berechnungen erforderlich waren. Eine Leitungsentscheidung kann man eben viel qualifizierter treffen, wenn man umfassend und schnell bessere Kenntnisse über den Gegenstand besitzt. Unter den Bedingungen der Mangelwirtschaft der DDR war es schon von großer Bedeutung zu wissen, was, wie viel, wann und wo benötigt wird. Bedingt durch die Vorzugsstellung des Bauwesens von Berlin wurden hier Engpässe oft rasch, aber mit Sicherheit zulasten der anderen Bezirke überbrückt.

Erst 1986 hatte Michail Gorbatschow mit der Perestroika begonnen, die grundlegenden Veränderungen der bis dahin ausschließlich von politischen Aspekten gesteuerten Sowjetwirtschaft einzuleiten. „Besondere Hoffnung verband ich mit den Programmen des wissenschaftlich-technischen Fortschritts im Bereich von Informatik und Rechentechnik, Entwicklung von Rotor- und Rotorfließbandlinien, Robotertechnik, Biotechnologie und Gentechnik." (2) S. 374.

Meine Arbeit entsprach sehr wohl der Entwicklung des wissenschaftlich-technischen Fortschritts. Bis zum Ende der Ära ULBRICHT, also bis 1970, wurde ich dafür noch ausgezeichnet, musste aber miterleben, wie unter HONECKER, gemäß dem Vorbild der sowjetischen Parteioligarchie, auch bei uns jeglicher Fortschritt unterbunden wurde.

Das, was GORBATSCHOW 1986 als Teil der das sozialistische Wirtschaftssystem vernichtenden Veränderungen forderte, war im Berliner Bauwesen schon fast 20 Jahre früher existent.

Dass die Umsetzung dieses Prozesses oft nur mit nicht ganz legalen Mitteln machbar war, zeigt meine Biografie.

Am Anfang meines Resümees muss ich meiner Mutter danken, was sie für ihre so früh verwaisten Kinder, vor allem auch für mich, getan hat. Es ist für mich eine bittere eigene Erfahrung, dass es sein kann, dass vier Kinder nicht in der Lage sind, ihrer Mutter einen beschaulichen Lebensabend zu verschaffen. Zurückblickend wäre ich wohl der Einzige gewesen, der das hätte verhindern können, deshalb fühle ich mich auch als Hauptschuldiger. Meine ständig zunehmenden Probleme in der ersten Ehe haben verhindert, hier rechtzeitig eine Veränderung zu organisieren.

Es gibt für mich keinen Zweifel: Die Tragödie der Aussiedlung war für mich die Chance meines Lebens. Als Bäcker in der Kleinstadt Reichenau hätte mein Leben einen ganz anderen Verlauf genommen.

Entschuldigen muss ich mich auch bei meinem Freund, dem Architekten Michael Kraus. Geboren wie ich 1930, nur 50 km von meinem Geburtsort Reichenau entfernt, auf der rein tschechischen Seite der früheren Österreich-Ungarischen Monarchie in Nachod. Sein Tagebuch eines Fünfzehnjährigen, beschreibt die den meinen diametral gegensätzlichen Jugenderlebnisse aus den nazistischen Konzentrationslagern dieser Zeit. Wir hatten uns bei einem Wanderurlaub in Südtirol kennengelernt, er und sein gleichaltriger Freund, der emeritierte Chemieprofessor Jon Neumeier aus München. Beide nach dem Krieg in die USA emigriert.

Erst mit dem Versuch, meine ganz persönlichen Erlebnisse wiederzugeben, fällt mir auf, dass dabei auch eine Menge war, was zur damaligen Zeit eigentlich illegal war. Es entsprach durchaus meiner selbst gesammelten Erfahrung, nicht gleich über jeden Gedanken, jede Idee zu plaudern. Das hatte ich mir auch im Sozialismus, vielleicht auch instinktiv nach den Erzählungen meiner Tante, angewöhnt.
Über die Kontakte mit der Stasi habe ich zu keinem Zeitpunkt mit meinen Familienangehörigen gesprochen. Ich wollte sie nicht in Gefahr bringen. Über die Gefährlichkeit dieser Organisation war allein durch illegale Fluchtversuche genügend bekannt. Es gab vielleicht schon deshalb zu keinem Zeitpunkt den Gedanken, die Republik illegal zu verlassen.

Das, was ich im Zusammenhang mit der Ersatzteilversorgung der IBM Anlagen gemeinsam mit dem Westberliner IBM Geschäftsführer angezettelt und realisiert hatte, wäre schon ein Fall für die Stasi geworden. Ich habe damals nicht die Spur von Angst gehabt, vor der Stasi hatte ich sowieso zu keiner Zeit Angst. Da es nicht um meine persönlichen Vorteile ging, wäre ich wahrscheinlich nur meinen Job los gewesen. Es war sicher auch mein Glück, dass es noch kein Internet gab. In keinem der oftmals angeforderten Personalbögen habe ich es versäumt, meine Landjahrzeit anzugeben. Im Internet konnte ich selbst später nachlesen, dass es offensichtlich eine Einrichtung der NSDAP, wenn auch auf der untersten Ebene, gewesen war.

Die nach der Wende realisierte Erkundung vieler Länder Europas mit einem Campinggespann entsprach der Abrundung meiner permanenten Reiselust und den neuen Möglichkeiten nach dem Wegfall der Grenzen. Die Fahrt zur Mitternachtssonne war in Umsetzung meiner Kindheitsträume schon eine besondere Extratour. Dass es dabei nicht nur gemächlich zuging zeigte sich am Ende, ich brauchte neue Autoreifen.

Anmerkungen

(1) Zuse   https://de.wikipedia.org/wiki/Konrad_Zuse

(2) Gorbatschow Michail „Alles zu seiner Zeit"-Mein Leben-
                        Verlag: Hoffmann und Campe, 2013

(3) Bittmann http://www.centropa.org/de/biography/bruno-bitt-
mann

(4) Kraus Michael Tagebuch 1942-1945, Aufzeichnungen eines
                        Fünfzehnjährigen aus dem Holocaust
                        Metropol 2015 Verlag

Bildnachweis:

Titelseite : G. Thiel

36,www.itk-messtechnik.de

37, Foto Spelda, Tabarz

52+53, Heinz Pohl

Alle übrigen Bilder entstammen dem Privatarchiv von
Gothar Thiel